사랑해요 한국어

I Love Korean

서울대학교 언어교육원

3 Workbook

서울대학교출판문화원

머리말
Preface

〈사랑해요 한국어 3 Workbook〉은 〈사랑해요 한국어 3〉의 부교재로서 주 교재에서 학습한 내용이 연습을 통해 실제 사용 능력으로 전이될 수 있도록 구성하였다. 이를 위해 어휘와 문법을 다양한 맥락에서 사용해 볼 수 있는 단계적 연습 문제를 제공하고 있다.

이 책은 다음과 같은 특징이 있다.

첫째, 주 교재에서 도입 단계로서 주제 어휘를 상황 그림과 함께 제시하여 학습자가 배울 내용을 유추하고 학습을 준비할 수 있도록 했다면, 부교재에서는 어휘의 의미를 보다 정확하게 인지하고 맥락에 맞게 사용해 볼 수 있도록 구성하였다. 이를 통해 어휘를 이해하는 단계에 머무르지 않고 생산적으로 사용할 수 있도록 하였다.

둘째, 주 교재에서 모두 다루지 못한 단계적 연습을 제시하여 해당 문법의 형태와 의미를 학습자가 내재화할 수 있도록 하였다. 목표 문법을 문장 및 대화 단위에서 사용하는 연습을 통해 문장 구성 능력, 담화 구성 능력을 키울 수 있다.

셋째, 매 단원 말미에 종합 연습을 두어 이전에 학습한 어휘와 문법을 종합적으로 연습할 수 있도록 하였다. 이를 통해 이전에 학습한 문법과 어휘가 나선형으로 재배열됨으로써 어휘와 문법의 심화, 확장이 가능하다.

넷째, 교재에 제시되는 모든 지시문과 새 단어 등을 영어로 번역하여 제시함으로써 영어권 학습자가 쉽게 이해할 수 있도록 하였다.

이 책이 완성되기까지 많은 분들의 노력과 수고가 있었다. 먼저 오랜 기간에 걸쳐 집필 및 출판 과정에 참여한 교재개발위원회 선생님들의 노고와 헌신에 감사드린다. 아울러 영어 번역과 감수를 맡아 주신 선생님들과 책이 출판되기까지 꼼꼼하게 출판 작업을 도와주신 서울대학교출판문화원 관계자 여러분께도 고마운 마음을 전한다.

2019. 5.

서울대학교 언어교육원

<I Love Korean 3 Workbook>, which is a supplement of <I Love Korean 3>, is constructed in such a manner that the contents learned from the main textbook can be practiced and applied to real life scenarios. To accomplish this, step-by-step exercises using vocabulary and grammar in various contexts are provided.

This book has the following characteristics.

First, if the main textbook presented the topic vocabulary as an introductory stage along with a picture of the situation to enable learners to infer what they will learn and prepare for it, the workbook is configured to enable learners to recognize the meaning of the words more accurately and use them in context. This allows learners to use the vocabulary productively without remaining in the stage of only understanding the meaning of the vocabulary.

Second, step-by-step exercises that were not covered in the main textbook are presented in the workbook to enable learners to internalize the form and meaning of the corresponding grammar. The ability to construct sentences and discourse can be enhanced through the practice of using target grammar in sentences and dialogue units.

Third, comprehensive exercises are provided at the end of each unit to cover the vocabulary and grammar that was previously learned. This allows for the deepening and expansion of grammar and vocabulary by rearranging previously learned vocabulary and grammar into spiral form.

Fourth, all instructions, new vocabulary, and texts presented in the workbook were translated into English so English-fluent learners can understand them easily.

There was a lot of hard work and effort that went into completing this series. First of all, we would like to thank all of the teachers who have participated in the writing and publishing process for all of their hard work. In addition, we would like to express our sincere gratitude to the teachers who translated and edited the materials into English, and also the staff of the Seoul National University Publishing Council who went to great lengths to help publish this series of textbooks.

2019. 5.

Language Education Institute, Seoul National University

〈사랑해요 한국어 3 Workbook〉은 〈사랑해요 한국어 3〉에서 배운 내용을 확인하고 연습하기 위한 목적으로 개발한 부교재이다. 총 9단원(18개 과)으로 각 단원은 어휘 연습과 핵심 표현 연습, 종합 연습으로 구성되어 있다.

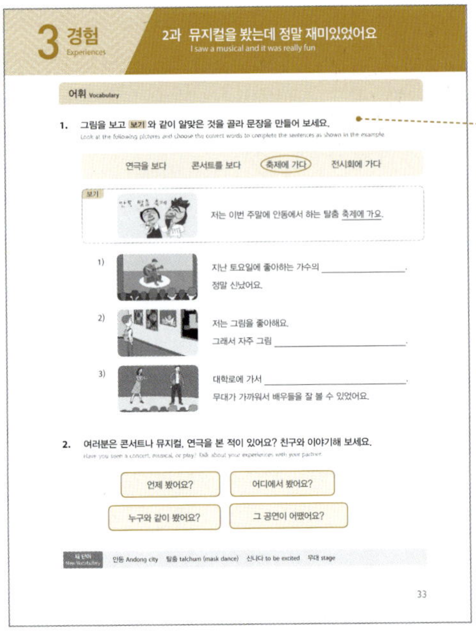

3 경험 Experiences
2과 뮤지컬을 봤는데 정말 재미있었어요
I saw a musical and it was really fun

어휘 Vocabulary

1. 그림을 보고 보기 와 같이 알맞은 것을 골라 문장을 만들어 보세요.

연극을 보다 / 콘서트를 보다 / 축제에 가다 / 전시회에 가다

보기 저는 이번 주말에 안동에서 하는 탈춤 축제에 가요.

1) 지난 토요일에 좋아하는 가수의 ________. 정말 신났어요.

2) 저는 그림을 좋아해요. 그래서 자주 그림 ________.

3) 대학로에 가서 ________. 무대가 가까워서 배우들을 잘 볼 수 있었어요.

2. 여러분은 콘서트나 뮤지컬, 연극을 본 적이 있어요? 친구와 이야기해 보세요.

언제 봤어요? / 어디에서 봤어요? / 누구와 같이 봤어요? / 그 공연이 어땠어요?

새 단어 New Vocabulary: 안동 Andong city / 탈춤 talchum (mask dance) / 신나다 to be excited / 무대 stage

33

어휘 연습 Vocabulary Exercises

주제 어휘의 의미를 확인하고 문장이나 대화 상황 속에서 활용하는 연습을 한다.

Checks the meaning of the topic vocabulary and practices using it in sentences or dialogue.

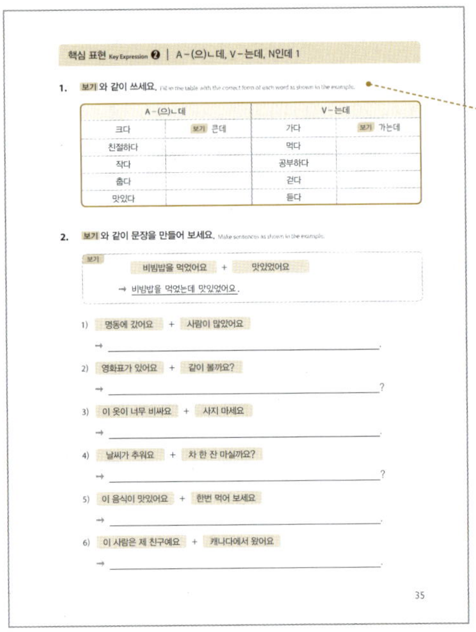

핵심 표현 Key Expression ❷ | A-(으)ㄴ데, V-는데, N인데 1

1. 보기 와 같이 쓰세요.

A-(으)ㄴ데		V-는데	
크다	보기 큰데	가다	보기 가는데
친절하다		먹다	
작다		공부하다	
춥다		걷다	
맛있다		듣다	

2. 보기 와 같이 문장을 만들어 보세요.

보기 비빔밥을 먹었어요 + 맛있었어요 → 비빔밥을 먹었는데 맛있었어요.

1) 명동에 갔어요 + 사람이 많았어요 → ________.
2) 영화표가 있어요 + 같이 볼까요? → ________?
3) 이 옷이 너무 비싸요 + 사지 마세요 → ________.
4) 날씨가 추워요 + 차 한 잔 마실까요? → ________?
5) 이 음식이 맛있어요 + 한번 먹어 보세요 → ________.
6) 이 사람은 제 친구예요 + 캐나다에서 왔어요 → ________.

35

핵심 표현 연습 Key Expression Exercises

목표 문법의 형태 활용을 연습한다.

Practices formative use of target grammar.

〈I Love Korean 3 Workbook〉 is a supplementary textbook developed for the purpose of checking and practicing what was learned in 〈I Love Korean 3〉. There are 9 units (18 lessons) in total, each unit is comprised of vocabulary exercises, key expression exercises, and comprehensive exercises.

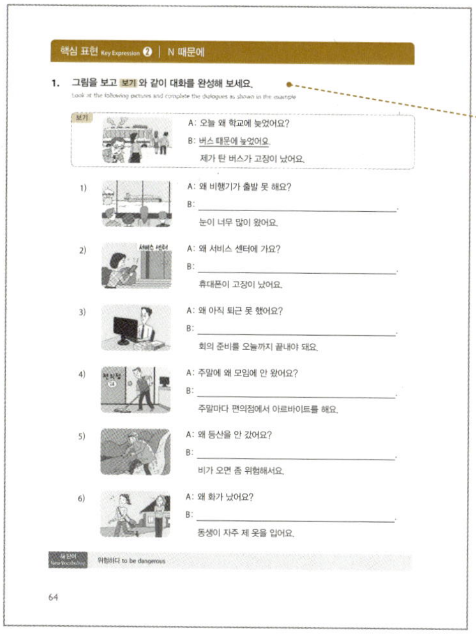

핵심 표현 Key Expression ❷ | N 때문에

1. 그림을 보고 보기 와 같이 대화를 완성해 보세요.

보기 A: 오늘 왜 학교에 늦었어요?
B: 버스 때문에 늦었어요.
제가 탄 버스가 고장이 났어요.

1) A: 왜 비행기가 출발 못 해요?
B: ______________.
눈이 너무 많이 왔어요.

2) A: 왜 서비스 센터에 가요?
B: ______________.
휴대폰이 고장이 났어요.

3) A: 왜 아직 퇴근 못 했어요?
B: ______________.
회의 준비를 오늘까지 끝내야 돼요.

4) A: 주말에 왜 모임에 안 왔어요?
B: ______________.
주말마다 편의점에서 아르바이트를 해요.

5) A: 왜 등산을 안 갔어요?
B: ______________.
비가 오면 좀 위험해서요.

6) A: 왜 화가 났어요?
B: ______________.
동생이 자주 제 옷을 입어요.

새 단어 New Vocabulary 위험하다 to be dangerous

64

전형적인 문장이나 대화 상황 속에서 목표 문법의 의미와 형태를 함께 연습한다.
Practices the meaning and form of target grammar together in a typical sentence or dialogue.

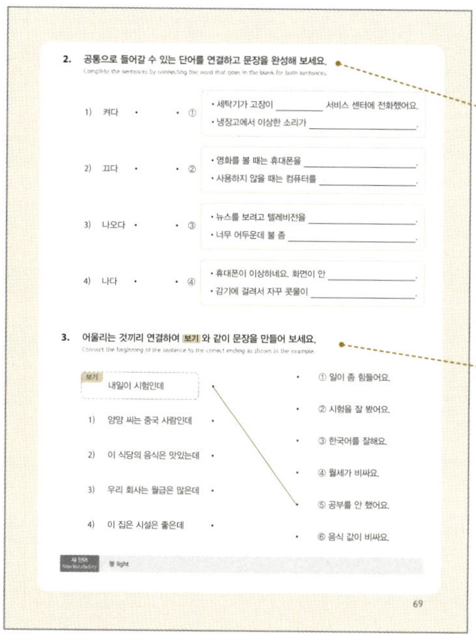

2. 공통으로 들어갈 수 있는 단어를 연결하고 문장을 완성해 보세요.

1) 켜다 · · ① • 세탁기가 고장이 ______ 서비스 센터에 전화했어요. • 냉장고에서 이상한 소리가 ______.

2) 끄다 · · ② • 영화를 볼 때는 휴대폰을 ______. • 사용하지 않을 때는 컴퓨터를 ______.

3) 나오다 · · ③ • 뉴스를 보려고 텔레비전을 ______. • 너무 어두운데 불 좀 ______.

4) 나다 · · ④ • 휴대폰이 이상하네요. 화면이 안 ______. • 감기에 걸려서 자꾸 콧물이 ______.

3. 어울리는 것끼리 연결하여 보기 와 같이 문장을 만들어 보세요.

보기 내일이 시험인데 · ① 일이 좀 힘들어요.
1) 양양 씨는 중국 사람인데 · ② 시험을 잘 봤어요.
2) 이 식당의 음식은 맛있는데 · ③ 한국어를 잘해요.
3) 우리 회사는 월급은 많은데 · ④ 월세가 비싸요.
4) 이 집은 시설은 좋은데 · ⑤ 공부를 안 했어요.
· ⑥ 음식 값이 비싸요.

새 단어 New Vocabulary 불 light

69

종합 연습 Comprehensive Exercises

해당 단원에서 학습한 새 어휘나 표현을 기존에 학습한 어휘나 표현과 함께 종합적으로 연습한다.
Provides an opportunity to practice new vocabulary or expressions learned in the unit, in a comprehensive manner, along with previously learned vocabulary or expressions.

해당 단원에서 학습한 문법끼리 서로 연결하여 연습하거나 기존에 학습한 문법과 비교하여 연습한다.
Provides an opportunity to practice linking the grammar learned in the unit or comparing it with the grammar previously learned.

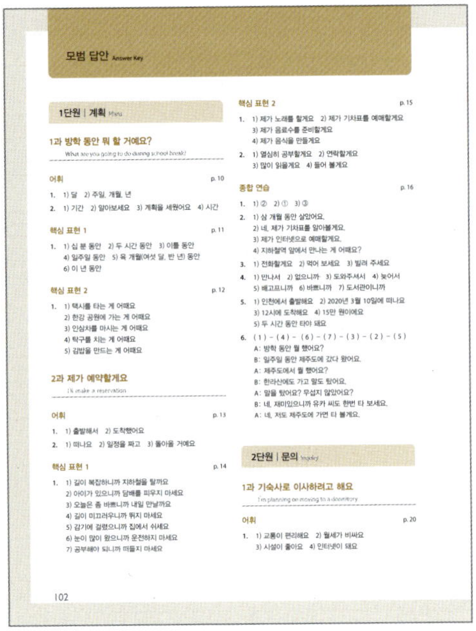

모범 답안 Answer Key

1단원 | 계획 Plans

1과 방학 동안 뭐 할 거예요?
What are you going to do during school break?

어휘 p. 10

1. 1) 달 2) 주일, 개월, 년
2. 1) 기간 2) 알아보세요 3) 계획을 세웠어요 4) 시간

핵심 표현 1 p. 11

1. 1) 십 분 동안 2) 두 시간 동안 3) 이틀 동안
   4) 일주일 동안 5) 육 개월(여섯 달, 반 년) 동안
   6) 이 년 동안

핵심 표현 2 p. 12

1. 1) 택시를 타는 게 어때요
   2) 한강 공원에 가는 게 어때요
   3) 인삼차를 마시는 게 어때요
   4) 탁구를 치는 게 어때요
   5) 김밥을 만드는 게 어때요

2과 제가 예약할게요
I'll make a reservation

어휘 p. 13

1. 1) 출발해서 2) 도착했어요
2. 1) 떠나요 2) 일정을 짜고 3) 돌아올 거예요

핵심 표현 1 p. 14

1. 1) 길이 복잡하니까 지하철을 탈까요
   2) 아이가 있으니까 담배를 피우지 마세요
   3) 오늘은 좀 바쁘니까 내일 만날까요
   4) 길이 미끄러우니까 뛰지 마세요
   5) 감기에 걸렸으니까 집에서 쉬세요
   6) 눈이 많이 왔으니까 운전하지 마세요
   7) 공부해야 되니까 떠들지 마세요

핵심 표현 2 p. 15

1. 1) 제가 노래를 할게요 2) 제가 기차표를 예매할게요
   3) 제가 음료수를 준비할게요
   4) 제가 음식을 만들게요
2. 1) 열심히 공부할게요 2) 연락할게요
   3) 많이 읽을게요 4) 들어 볼게요

종합 연습 p. 16

1. 1) ② 2) ① 3) ③
2. 1) 삼 개월 동안 살았어요.
   2) 네, 제가 기차표를 알아볼게요.
   3) 제가 인터넷으로 예매할게요.
   4) 지하철역 앞에서 만나는 게 어때요?
3. 1) 전화할게요 2) 먹어 보세요 3) 빌려 주세요
4. 1) 만나서 2) 없으니까 3) 도와주셔서 4) 늦어서
   5) 배고프니까 6) 바쁘니까 7) 도서관이니까
5. 1) 인천에서 출발해요 2) 2020년 3월 10일에 떠나요
   3) 12시에 도착해요 4) 15만 원이에요
   5) 두 시간 동안 타야 돼요
6. (1) - (4) - (6) - (7) - (3) - (2) - (5)
   A: 방학 동안 뭘 했어요?
   B: 일주일 동안 제주도에 갔다 왔어요.
   A: 제주도에서 뭘 했어요?
   B: 한라산에도 가고 말도 탔어요.
   A: 말을 탔어요? 무섭지 않았어요?
   B: 네, 재미있으니까 유카 씨도 한번 타 보세요.
   A: 네, 저도 제주도에 가면 타 볼게요.

2단원 | 문의 Inquiry

1과 기숙사로 이사하려고 해요
I'm planning on moving to a dormitory

어휘 p. 20

1. 1) 교통이 편리해요 2) 월세가 비싸요
   3) 시설이 좋아요 4) 인터넷이 돼요

102

모범 답안 Answer Key

문제의 정답을 제공한다.
Provides the correct answers to the questions.

Abbreviations in this book

N noun
V verb
A adjective

차례
Contents

교재 구성표 | Scope and Sequence

	단원 Unit	어휘 Vocabulary	핵심 표현 Key Expression
1 계획 Plans	**1과** 방학 동안 뭐 할 거예요? What are you going to do during school break?	기간과 계획 Duration and Plans	• N 동안 • V-는 게 어때요?
	2과 제가 예약할게요 I'll make a reservation	일정 Schedule	• A/V-(으)니까, N(이)니까 • V-(으)ㄹ게요
2 문의 Inquiry	**1과** 기숙사로 이사하려고 해요 I'm planning on moving to a dormitory	주거 조건 Living Conditions	• V-(으)려고 하다 • V-아/어 주다
	2과 등록금을 언제까지 내야 되나요? When do I have to pay tuition by?	문의 Inquiry	• N(이)나 • A-(으)ㄴ가요?, V-나요?, N인가요?
3 경험 Experiences	**1과** 노량진수산시장에 가 봤어요? Have you been to Noryangjin Fish Market?	경험 Experiences	• V-아/어 봤어요 • V-(으)ㄴ 적이 있다/없다
	2과 뮤지컬을 봤는데 정말 재미있었어요 I saw a musical and it was really fun	공연 Performance	• A/V-았을/었을 때 • A-(으)ㄴ데, V-는데, N인데 1
4 취업 Employment	**1과** 컴퓨터 회사에서 일한 적이 있습니다 I've worked at a computer company	취업 과정 Employment Process	• A/V-ㅂ니다/습니다, N입니다 • V-(으)ㄴ N
	2과 지금 다니는 회사보다 연봉이 많아요 The salary is higher than my current job	근무 조건과 취업 조건 Working Conditions and Employment Conditions	• N보다 • V-(으)ㄹ 줄 알다/모르다
5 건강 Health	**1과** 건강에 관심이 많네요 You're very interested in health	건강과 생활습관 Health and Lifestyle	• A-게 • A/V-네요
	2과 몸살이 난 것 같아요 I feel like I'm aching all over	증상 Symptoms	• V-(으)ㄴ, 는, (으)ㄹ 것 같다 • A-(으)ㄴ, (으)ㄹ 것 같다

단원 Unit		어휘 Vocabulary	핵심 표현 Key Expression
6 **고장** Broken	**1과** 노트북 화면이 안 나와요 My laptop screen won't turn on	고장 상태 Broken Status	• V-다가 • N 때문에
	2과 세탁기가 고장 나서 전화 드렸어요 I called because my washing machine is broken	수리 Repairs	• A-(으)ㄴ데, V-는데, N인데 2 • V-(으)ㄹ N
7 **모임** Gatherings	**1과** 금요일에 신입생 환영회에 갈 거예요? Are you going to the freshmen welcome party on Friday?	모임의 종류 Types of Gatherings	• A/V-(으)ㄹ까요? • A/V-(으)ㄹ 거예요
	2과 우리 같은 신입생이니까 말 놓을까요? Since we're both freshmen, shall we speak casually?	관계와 말 Relationships and Speech	• 반말
8 **변화** Change	**1과** 부산에서 살다가 서울로 오게 됐어 We were living in Busan and ended up moving to Seoul	일생 Lifetime	• A-아지다/어지다 • V-게 되다
	2과 대학교를 졸업한 후에 뭐 하고 싶어요? What do you want to do after you graduate college?	변화 Change	• V-기 전에 • V-(으)ㄴ 후에
9 **명절** Holidays	**1과** 가족처럼 지내는 친구들이 있어서 괜찮아요 It's okay because I have friends who are like family	명절에 하는 일 1 Things done during Holidays 1	• N처럼 • A/V-겠-
	2과 설날에는 떡국을 먹는다 We eat tteokguk on Lunar New Year's Day	명절에 하는 일 2 Things done during Holidays 2	• A-다, V-ㄴ다/는다, N(이)다 • A/V-았다/었다, V-(으)ㄹ 것이다

1 계획 Plans

1과 방학 동안 뭐 할 거예요?
What are you going to do during school break?

어휘 Vocabulary

1. 서로 어울리는 것끼리 연결하세요. Connect the sequence of words to the correct pictures.

1) 한, 두, 세, 네 …… •

2) 일, 이, 삼, 사 …… •

•  주일

•  개월

•  달

• 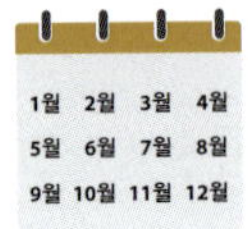 년

2. 그림을 보고 알맞은 것을 골라 대화를 완성해 보세요.
Look at the following pictures and choose the correct words to complete the dialogues.

기간	시간	알아보다	계획을 세우다

1) 

A: 백화점 세일 ________________이 언제부터 언제까지예요?

B: 이번 주 토요일부터 다음 주 일요일까지예요.

2) 

A: 설악산에 가려고 해요. 어떻게 가야 돼요?

B: 저도 잘 몰라요. 인터넷으로 ________________(으)세요.

3) 

A: 방학 ________________았어요/었어요?

B: 네, 이번 방학에는 운전을 배울 거예요.

4) 

A: 수업 ________________에 음식을 먹어도 돼요?

B: 아니요, 안 돼요.

핵심 표현 Key Expression ❶ | N 동안

1. 그림을 보고 보기 와 같이 대화를 완성해 보세요.

Look at the following pictures and complete the dialogues as shown in the example.

보기

A: 몇 시간 동안 운전했어요?

B: <u>한 시간 동안</u> 했어요.

1)

A: 얼마 동안 버스를 기다렸어요?

B: ________________ 기다렸어요.

2)

A: 숙제를 몇 시간 동안 했어요?

B: ________________ 했어요.

3)

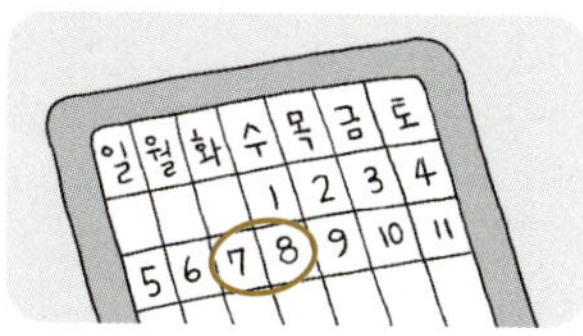

A: 시험을 며칠 동안 봐요?

B: ________________ 봐요.

4)

A: 며칠 동안 여행했어요?

B: ________________ 했어요.

5)

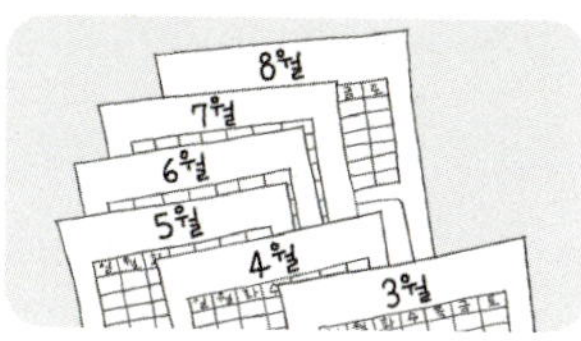

A: 몇 달 동안 한국어를 공부했어요?

B: ________________ 공부했어요.

6)

A: 몇 년 동안 한국에 살았어요?

B: ________________ 살았어요.

핵심 표현 Key Expression ❷ | V-는 게 어때요?

1. 그림을 보고 보기 와 같이 대화를 완성해 보세요.

Look at the following pictures and complete the dialogues as shown in the example.

보기

4시에 만나다

A: 몇 시에 만날까요?

B: 4시에 만나는 게 어때요?

1)

택시를 타다

A: 뭘 타고 갈까요?

B: ______________________________?

2)

한강 공원에 가다

A: 우리 어디에 갈까요?

B: ______________________________?

3)

인삼차를 마시다

A: 뭘 마실까요?

B: ______________________________?

4)

탁구를 치다

A: 무슨 운동을 할까요?

B: ______________________________?

5)

김밥을 만들다

A: 우리 무슨 음식을 만들까요?

B: ______________________________?

새 단어 New Vocabulary	탁구 table tennis, ping-pong

2과 제가 예약할게요
I'll make a reservation

어휘 Vocabulary

1. 그림을 보고 알맞은 단어를 골라 글을 완성해 보세요.
Look at the following picture and choose the correct words to complete the passage.

출발하다　　도착하다

저는 지난 방학 때 일본 도쿄에 여행 갔어요.

인천에서 도쿄까지 2시간 걸렸어요.

9시에 1)＿＿＿＿＿＿＿＿아서/어서

11시에 도쿄에 2)＿＿＿＿＿＿＿＿았어요/었어요.

2. 그림을 보고 알맞은 것을 골라 대화를 완성해 보세요.
Look at the following pictures and choose the correct words to complete the dialogues.

일정을 짜다　　떠나다　　돌아오다

1)

A: 출장 준비 다 했어요? 몇 시에 ＿＿＿＿＿＿아요/어요?

B: 1시 기차를 탈 거예요. 그래서 지금 서울역으로 가야 돼요.

2)

A: 지금 뭐 하고 있어요?

B: 이번 방학에 유럽 여행을 가요. 그래서 ＿＿＿＿＿＿고 있어요.

3)
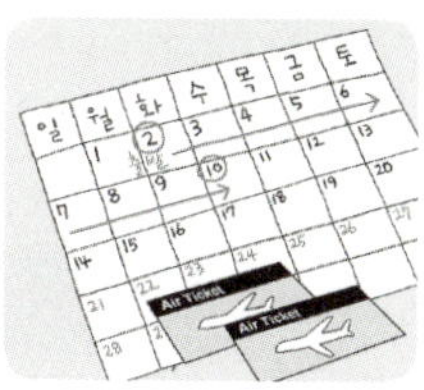

A: 비행기표를 예약했지요?

B: 네. 2일에 출발해서 10일에 ＿＿＿＿＿＿(으)ㄹ 거예요.

새 단어 New Vocabulary	유럽 Europe

핵심 표현 Key Expression ❶ | A/V-(으)니까, N(이)니까

1. 보기 와 같이 문장을 만들어 보세요. Make sentences as shown in the example.

보기

이 영화는 재미없어요 + 다른 영화를 보세요

→ 이 영화는 재미없으니까 다른 영화를 보세요 .

1) 길이 복잡해요 + 지하철을 탈까요?

→ ______________________________?

2) 아이가 있어요 + 담배를 피우지 마세요

→ ______________________________.

3) 오늘은 좀 바빠요 + 내일 만날까요?

→ ______________________________?

4) 길이 미끄러워요 + 뛰지 마세요

→ ______________________________.

5) 감기에 걸렸어요 + 집에서 쉬세요

→ ______________________________.

6) 눈이 많이 왔어요 + 운전하지 마세요

→ ______________________________.

7) 공부해야 돼요 + 떠들지 마세요

→ ______________________________.

새 단어 New Vocabulary

뛰다 to run
떠들다 to chat loudly

핵심 표현 Key Expression ❷ | V-(으)ㄹ게요

1. **보기** 와 같이 대화를 완성해 보세요. Complete the dialogues as shown in the example.

> 보기
> A: 누가 사진을 찍을 거예요?
> B: <u>제가 사진을 찍을게요</u>.

1) A: 누가 노래를 할 거예요?
   B: ______________________.

2) A: 누가 기차표를 예매할 거예요?
   B: ______________________.

3) A: 누가 음료수를 준비할 거예요?
   B: ______________________.

4) A: 누가 음식을 만들 거예요?
   B: ______________________.

2. **보기** 와 같이 대화를 완성해 보세요. Complete the dialogues as shown in the example.

> 보기
> A: 내일 학교에 일찍 오세요.
> B: 네, <u>일찍 올게요</u>.

1) A: 열심히 공부하세요.
   B: 네, ______________________.

2) A: 고향에 도착하면 연락하세요.
   B: 네, ______________________.

3) A: 책을 많이 읽으세요.
   B: 네, ______________________.

4) A: 이 노래를 들어 보세요.
   B: 네, ______________________.

종합 연습 Comprehensive Exercises

1. **어울리는 것끼리 연결하여 보기 와 같이 문장을 만들어 보세요.**

Connect the beginning of the sentence to the correct sentence ending as shown in the example.

보기
추우니까 — ④ 따뜻한 옷을 입으세요.

1) 날씨가 좋으니까
2) 늦었으니까
3) 그 영화는 재미없으니까

① 택시를 탑시다.
② 공원에 갈까요?
③ 보지 마세요.
④ 따뜻한 옷을 입으세요.
⑤ 같이 배울까요?

2. **알맞은 것을 골라 대화를 완성해 보세요.** Choose the correct answers to complete the dialogues.

제가 인터넷으로 예매할게요.	삼 개월 동안 살았어요.
네, 제가 기차표를 알아볼게요.	지하철역 앞에서 만나는 게 어때요?

1) A: 얼마 동안 한국에서 살았어요?
   B: ____________________

2) A: 주말에 우리 같이 부산에 갈까요?
   B: ____________________

3) A: 누가 영화표를 예매할 거예요?
   B: ____________________

4) A: 오늘 어디에서 만날까요?
   B: ____________________

3. **알맞은 것을 골라 대화를 완성해 보세요.** Choose the correct sentence endings to complete the dialogues.

-아/어 주세요	-(으)ㄹ게요	-아/어 보세요

1) A: 케빈 씨, 지금 전화할 수 있어요?
   B: 미안해요. 지금은 바쁘니까 제가 이따가 ______________. (전화하다)

2) A: 에밀리 씨, 이 식당은 무슨 음식이 맛있어요?
   B: 김치볶음밥이 맛있으니까 한번 ______________. (먹다)

3) A: 제가 지갑을 안 가져왔어요. 미안하지만 오천 원만 ______________. (빌리다)
   B: 네, 여기 있어요.

4. **알맞은 것을 고르세요.** Choose the correct answer.

1) (만나서 / 만나니까) 반가워요.

2) 시간이 (없어서 / 없으니까) 서두르세요.

3) (도와주셔서 / 도와주니까) 감사합니다.

4) (늦어서 / 늦으니까) 죄송합니다.

5) (배고파서 / 배고프니까) 밥부터 먹을까요?

6) 이번 주는 (바빠서 / 바쁘니까) 다음 주에 만날까요?

7) 여기는 (도서관이라서 / 도서관이니까) 조용히 하세요.

새 단어 New Vocabulary	김치볶음밥 kimchi fried rice	빌리다 to borrow	서두르다 to hurry

5. **그림을 보고 질문에 대답해 보세요.** Look at the following picture and write responses to the questions.

1) 이 사람은 어디에서 출발해요?

______________________________.

2) 비행기는 며칠에 떠나요?

______________________________.

3) 비행기는 몇 시에 도착해요?

______________________________.

4) 요금이 어떻게 돼요?

______________________________.

5) 이 사람은 몇 시간 동안 비행기를 타야 돼요?

______________________________.

6. **다음을 읽고 순서에 맞게 대화를 완성해 보세요.**

Read the following sentences and arrange them in the correct order to complete the conversation.

1. 방학 동안 뭘 했어요?

5. 네, 저도 제주도에 가면 타 볼게요.

4. 일주일 동안 제주도에 갔다 왔어요.

7. 한라산에도 가고 말도 탔어요.

2. 네, 재미있으니까 유카 씨도 한번 타 보세요.

3. 말을 탔어요? 무섭지 않았어요?

6. 제주도에서 뭘 했어요?

(1) - (   ) - (6) - (   ) - (3) - (   ) - (5)

A: 방학 동안 뭘 했어요?

B: ____________________

A: ____________________

B: ____________________

A: ____________________

B: ____________________

A: ____________________

새 단어 New Vocabulary | 말 horse

2 문의 Inquiry

1과 기숙사로 이사하려고 해요

I'm planning on moving to a dormitory

어휘 Vocabulary

1. 그림을 보고 보기 와 같이 알맞은 것을 골라 문장을 만들어 보세요.

Look at the following pictures and choose the correct words to complete the sentences as shown in the example.

관리비가 싸다　　시설이 좋다

교통이 편리하다　　월세가 비싸다　　인터넷이 되다

보기

제가 사는 아파트는 관리비가 싸요.

여기에 전기 요금과 인터넷 요금이 포함되어 있어요.

1)

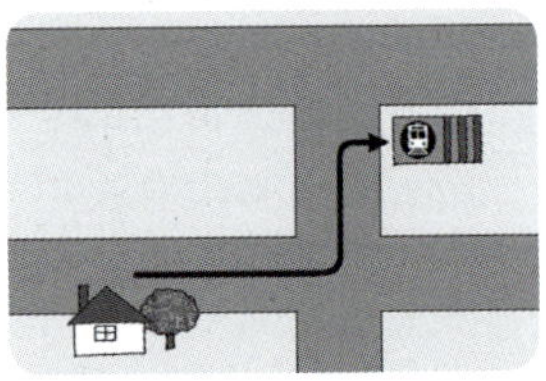

우리 집은 ______________________.

지하철역까지 걸어서 3분 걸려요.

2)

제 방은 ______________________.

그래서 내년에 좀 싼 곳으로 이사할 거예요.

3)

우리 기숙사는 ______________________.

휴게실, 세탁실, 헬스장, 편의점이 있어서 아주 편리해요.

4)

요즘 비행기에서도 ______________________.

그래서 비행기에서 이메일을 보낼 수 있어요.

새 단어 New Vocabulary　전기 요금 electricity fee　포함되어 있다 to be included

핵심 표현 Key Expression ❶ | V-(으)려고 하다

1. 보기 와 같이 대화를 완성해 보세요. Complete the dialogues as shown in the example.

보기
A: 주말에 뭐 할 거예요?
B: 부산에 가려고 해요. (부산에 가다)

1) A: 오늘 저녁에 뭐 할 거예요?
B: ______________________.
(영화를 보다)

2) A: 내일 뭐 할 거예요?
B: ______________________.
(책을 읽다)

3) A: 오후에 뭐 할 거예요?
B: ______________________.
(중국어 수업을 듣다)

4) A: 저녁에 뭐 할 거예요?
B: ______________________.
(고향 음식을 만들다)

2. 보기 와 같이 대화를 완성해 보세요. Complete the dialogues as shown in the example.

보기
A: 왜 숙제를 안 했어요?
B: 숙제하려고 했어요. 그런데 머리가 아파서 못 했어요.

1) A: 왜 어제 모임에 안 왔어요?
B: ______________________. 그런데 너무 바빠서 못 갔어요.

2) A: 왜 주말에 청소를 안 했어요?
B: ______________________. 그런데 너무 피곤해서 못 했어요.

3) A: 왜 아침을 안 먹었어요?
B: ______________________. 그런데 시간이 없어서 못 먹었어요.

4) A: 왜 팅팅 씨한테 전화 안 했어요?
B: ______________________. 그런데 휴대폰이 고장 나서 못 했어요.

새 단어 New Vocabulary | 고장 나다 to be broken

핵심 표현 Key Expression ❷ | V-아/어 주다

1. 보기 와 같이 문장을 만들어 보세요. Make sentences as shown in the example.

> 보기
> (저 → 동생, 책, 읽다)
> 저는 동생한테 책을 읽어 줬어요.

1) (다쿠야 씨 → 유카 씨, 커피, 사다)

______________________________.

2) (민준 씨 → 에밀리 씨, 한국어, 가르치다)

______________________________.

3) (어머니 → 저, 김밥, 만들다)

______________________________.

4) (지우 씨 → 할머니, 자리, 양보하다)

______________________________.

2. 보기 와 같이 대화를 완성해 보세요. Complete the dialogues as shown in the example.

> 보기
> A: 사진 좀 찍어 주실 수 있어요? (찍다)
> B: 네, 찍어 드릴게요.

1) A: 우산 좀 ______________________________? (빌리다)

B: 네, ______________________________.

2) A: 창문 좀 ______________________________? (닫다)

B: 네, ______________________________.

3) A: 미안하지만 이 가방 좀 ______________________________? (들다)

B: 네, ______________________________.

4) A: 청소 좀 ____________________? (도와주다)

B: 네, ____________________.

새 단어 New Vocabulary	양보하다 to yield, to give way 들다 to hold

2과 등록금을 언제까지 내야 되나요?
When do I have to pay tuition by?

어휘 Vocabulary

1. 알맞은 단어를 골라 대화를 완성해 보세요.

Choose the correct words to complete the dialogues as shown in the example.

	확인하다	변경하다	
가입하다	신청하다	취소하다	문의하다

보기

A: 회의 시간이 몇 시예요?

B: 3시예요. 제가 조금 전에 확인했어요.

1) A: 에밀리 씨는 무슨 동아리에 들어갔어요?

B: 저는 태권도를 좋아해서 태권도 동아리에 ____________았어요/었어요.

2) A: 팅팅 씨, 기숙사 신청은 언제까지 해야 돼요?

B: 저도 잘 모르겠는데요. 사무실에 한번 ____________아/어 보세요.

3) A: 미안하지만 오늘 약속 시간을 좀 ____________(으)ㄹ 수 있어요?

B: 그럼 몇 시로 바꿀까요?

4) A: 유카 씨, 이번 학기 장학금 ____________았어요/었어요?

B: 네, 어제 사무실에 서류를 냈어요.

5) A: 투이 씨, 이번 주말에 여행 가지요?

B: 아니요, 갑자기 일이 생겨서 못 가요. 그래서 비행기표를 ____________았어요/었어요.

새 단어 New Vocabulary: 변경하다 to change　서류를 내다 to submit a document　갑자기 suddenly　일이 생기다 for something to happen

핵심 표현 Key Expression ❶ | N(이)나

1. 그림을 보고 보기 와 같이 문장을 만들어 보세요.

Look at the following pictures and complete the sentences as shown in the example.

보기

A: 어제 커피를 다섯 잔 마셨어요.

B: 네? 커피를 다섯 잔이나 마셨어요?

1) 

A: 1년 동안 이사를 네 번 했어요.

B: 네? ______________________?

2) 

A: 우리 집에는 개가 여섯 마리 있어요.

B: 네? ______________________?

3) 

A: 제 동생은 게임을 매일 세 시간 동안 해요.

B: 네? ______________________?

4) 

A: 어제 너무 배가 고파서 피자를 두 판 먹었어요.

B: 네? ______________________?

2. 보기 와 같이 대화를 완성해 보세요.

Complete the dialogues as shown in the example.

보기

A: 콘서트에 사람들이 많이 왔어요?

B: 네, 오천 명이나 왔어요.

1) A: 어제 고기 많이 먹었어요?

B: 네, 두 사람이 가서 ______________________. (사 인분)

2) A: 미나 씨는 야구를 좋아해요?

B: 네, 좋아해요. 그래서 야구장에 ______________________. (다섯 번)

3) A: 집에서 학교까지 멀어요?

B: 네, 좀 멀어요. 버스로 ______________________. (두 시간)

4) A: 민수 씨 아버지는 지금 다니는 회사에서 얼마 동안 일하셨어요?

B: ______________________. (이십 년)

핵심 표현 Key Expression ❷ | A-(으)ㄴ가요?, V-나요?, N인가요?

1. 보기 와 같이 쓰세요.

Fill in the table with the correct form of each word as shown in the example.

A-(으)ㄴ가요?		V-나요?	
크다	보기 큰가요?	가다	보기 가나요?
필요하다		먹다	
좋다		공부하다	
작다		걷다	
맵다		만들다	
멀다		살다	

2. 보기 와 같이 대화를 완성해 보세요.

Complete the dialogues as shown in the example.

보기

A: 영화가 몇 시에 시작하나요?

B: 7시에 시작해요.

1) A: 비행기가 언제 ____________?

B: 오후 5시 40분에 출발해요.

2) A: 도서관에서 책을 빌리고 싶어요. 뭐가 ____________?

B: 학생증이 필요해요.

3) A: 여기에서 지하철역까지 ____________?

B: 네, 좀 멀어요.

4) A: 에밀리 씨는 어디에서 ____________?

B: 저는 부산에서 살아요.

5) A: 어떤 집으로 ____________?

B: 교통이 편리한 집으로 이사하고 싶어요.

새 단어 New Vocabulary | 필요하다 to be necessary

종합 연습 Comprehensive Exercises

1. 보기 와 같이 한국에 대한 질문을 만들어 보세요.

Write questions about Korea as shown in the example.

보기

한국의 수도는 어디인가요? (어디)

서울이에요.

1)

이 사람은 ____________? (누구)

2)

커피 한 잔에 보통 ____________? (얼마)

3)

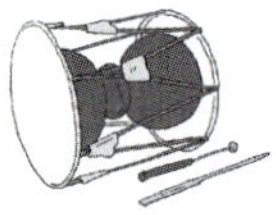

이 악기의 이름은 ____________? (무엇)

4)

추석은 ____________? (언제)

5)

여기는 ____________? (어디)

6)

지하철은 몇 시까지 ____________? (다니다)

7)

교통카드는 어디에서 ____________? (팔다)

8)

____________________________?

새 단어 New Vocabulary 수도 capital 악기 musical instrument 추석 Chuseok (Korean Thanksgiving Day)

2. 알맞은 것을 골라 문장을 만들어 보세요.

Choose the correct grammar points to complete the dialogues as shown in the example.

-(으)려고 하다	-아/어 주다	-(으)면 안 되다	-(으)ㄹ 수 있다

1) A: 버스에서 과자를 먹어도 돼요?
   B: 아니요, 버스에서 과자를 ____________________. (먹다)

2) A: 양양 씨, 어제 왜 모임에 못 왔어요?
   B: ____________________. (가다) 그런데 일이 너무 늦게 끝나서 못 갔어요.

3) A: 기욤 씨, 피아노 ____________________? (치다)
   B: 네, 잘 쳐요. 3년 동안 배웠어요.

4) A: 투이 씨, 도착하면 저한테 문자 ____________________. (보내다)
   B: 네, 알겠어요.

3. 알맞은 것을 고르세요. Choose the correct answer.

1) 지금 가고 있으니까 5분(이나 / 만) 기다리세요.

2) 친구가 안 와서 친구한테 일곱 번(이나 / 만) 전화했어요.

3) 아직 시간이 있으니까 10분(이나 / 만) 쉽시다.

4) 어제는 너무 피곤해서 12시간(이나 / 만) 잤어요.

5) 집들이에 친구를 한 명(이나 / 만) 더 초대할까요?

새 단어 New Vocabulary
집들이 housewarming party 초대하다 to invite

4. 알맞은 단어를 골라 보기처럼 문장을 만들어 보세요.

Choose the correct words to complete the sentences as shown in the example.

혹시   너무   빨리   아직   나중에   별로

보기

오늘 날씨가 너무 나빴어요.

그래서 밖에 안 나가고 집에만 있었어요.

1) 회의를 곧 시작할 거예요.

그런데 김민수 씨가 회사에 ______________ 안 왔어요.

2) 배가 불러서 피자를 다 못 먹었어요.

나머지는 ______________ 먹을 거예요.

3) 회의 시간에 늦으면 안 돼요.

______________ 갑시다.

4) 김 선생님이 사무실에 안 계세요.

______________ 김 선생님 전화번호를 아세요?

5) 오늘 시험을 봤어요.

______________ 어렵지 않았어요.

새 단어 New Vocabulary   나머지 remainder

5. 알맞은 것을 고르세요.

Choose the correct answer.

1) A: 어제 뭐 했어요?

B: 친구를 (만나서 / 만나 줘서) 영화를 봤어요.

2) A: 미나 씨, 생일 축하합니다.

B: 제 생일 파티에 (와서 / 와 주셔서) 감사합니다.

3) A: 중국어를 할 수 있어요?

B: 네, 5년 동안 중국에 (살아서 / 살아 줘서) 잘할 수 있어요.

4) A: 제 전화번호를 어떻게 알았어요?

B: 양양 씨가 저한테 (가르쳤어요. / 가르쳐 줬어요.)

5) A: 양양 씨, 태권도를 잘해요?

B: 네, 3년 동안 (배워서 / 배워 줘서) 잘해요.

3 경험 Experiences

1과 노량진수산시장에 가 봤어요?
Have you been to Noryangjin Fish Market?

어휘 Vocabulary

1. 그림을 보고 보기 와 같이 알맞은 것을 골라 문장을 만들어 보세요.

Look at the following pictures and choose the correct words to complete the sentences as shown in the example.

배낭여행을 하다	아르바이트를 하다	유학을 가다
홈스테이를 하다	봉사 활동을 하다	어학연수를 하다

보기

제 친구는 작년에 미국으로 유학을 갔어요.
대학교에서 경영학을 공부해요.

1)

방학 동안 친구들과 함께 ______________________.
다른 사람을 도울 수 있어서 기분이 좋았어요.

2)

저는 작년에 혼자 ______________________.
좀 힘들었지만 재미있었어요.

3)

저는 한국에서 ______________________.
가족들이 모두 친절해요.

4)

수업이 끝나고 저는 식당에서 ______________________.
하루에 두 시간 일해요.

5)

저는 중국에서 중국어를 배웠어요.
베이징에서 1년 동안 ______________________.

새 단어 New Vocabulary | 경영학 business administration

핵심 표현 Key Expression ❶ | V-아/어 봤어요

1. 보기 와 같이 대화를 완성해 보세요.

Complete the dialogues as shown in the example.

보기

A: 명동에 가 봤어요? (가다)

B: 네, 가 봤어요. / 아니요, 안 가 봤어요.

1) A: 닭갈비를 ____________________? (먹다)

B: 네, ____________________.

2) A: 이 음료수를 ____________________? (마시다)

B: 네, ____________________.

3) A: 서울에서 ____________________? (운전하다)

B: 아니요, ____________________.

4) A: 한국 소설을 ____________________? (읽다)

B: 아니요, ____________________.

5) A: 불고기를 ____________________? (만들다)

B: 네, ____________________.

6) A: 한국 전통 음악을 ____________________? (듣다)

B: 네, ____________________.

새 단어 New Vocabulary

닭갈비 spicy stir-fried chicken 음료수 beverage 소설 novel

핵심 표현 Key Expression ❷ | V-(으)ㄴ 적이 있다/없다

1. 보기 와 같이 쓰세요. Fill in the table with the correct form of each verb as shown in the example.

V-ㄴ 적이 있다/없다		V-은 적이 있다/없다	
가다	보기 간 적이 있어요	읽다	보기 읽은 적이 있어요
만나다		받다	
마시다		입다	
배우다		먹다	
여행하다		듣다	

2. 그림을 보고 보기 와 같이 대화를 완성해 보세요.

Look at the following pictures and complete the dialogues as shown in the example.

보기

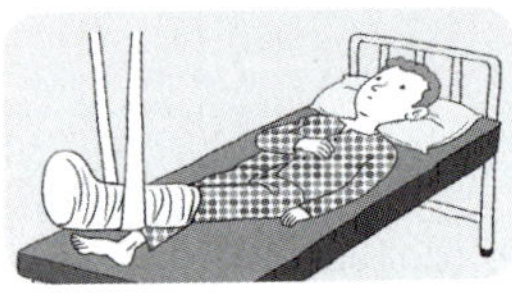

입원하다

A: 병원에 입원한 적이 있어요?

B: 네, 입원한 적이 있어요. / 아니요, 입원한 적이 없어요.

1)

한국어로 꿈을 꾸다

A: ______________________________?

B: 네, ______________________________.

2)

짝사랑을 하다

A: ______________________________?

B: 네, ______________________________.

3)

휴대폰을 잃어버리다

A: ______________________________?

B: 아니요, ______________________________.

4)

영화를 보고 울다

A: ______________________________?

B: 아니요, ______________________________.

새 단어 New Vocabulary 입원하다 to be hospitalized 꿈을 꾸다 to dream 짝사랑 secret crush

3 경험 Experiences

2과 뮤지컬을 봤는데 정말 재미있었어요
I saw a musical and it was really fun

어휘 Vocabulary

1. 그림을 보고 보기 와 같이 알맞은 것을 골라 문장을 만들어 보세요.
Look at the following pictures and choose the correct words to complete the sentences as shown in the example.

연극을 보다　　콘서트를 보다　　(축제에 가다)　　전시회에 가다

보기

저는 이번 주말에 안동에서 하는 탈춤 축제에 가요.

1) 

지난 토요일에 좋아하는 가수의 ______________.
정말 신났어요.

2) 

저는 그림을 좋아해요.
그래서 자주 그림 ______________.

3) 

대학로에 가서 ______________.
무대가 가까워서 배우들을 잘 볼 수 있었어요.

2. 여러분은 콘서트나 뮤지컬, 연극을 본 적이 있어요? 친구와 이야기해 보세요.
Have you seen a concert, musical, or play? Talk about your experiences with your partner.

- 언제 봤어요?
- 어디에서 봤어요?
- 누구와 같이 봤어요?
- 그 공연이 어땠어요?

새 단어 New Vocabulary　안동 Andong city　탈춤 talchum (mask dance)　신나다 to be excited　무대 stage

핵심 표현 Key Expression ❶ | A/V-았을/었을 때

1. **그림을 보고 보기 와 같이 문장을 만들어 보세요.**

Look at the following pictures and complete the sentences as shown in the example.

보기

한국에 오다

처음 한국에 왔을 때 한국어를 전혀 몰랐어요.

1)

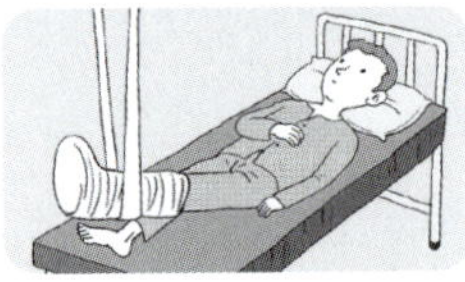
다리를 다치다

작년에 ______________________ 병원에 입원했어요.

2)

눈이 많이 오다

지난겨울에 ______________________ 눈사람을 만들었어요.

3)

집에 돌아오다

______________________ 동생은 자고 있었어요.

4)

대학에 합격하다

______________________ 정말 기분이 좋았어요.

5)

어리다

저는 ______________________ 축구 선수가 되고 싶었어요.

6)

아프다

______________________ 고향에 돌아가고 싶었어요.

새 단어 New Vocabulary 다치다 to hurt, to injure 지난겨울 last winter 합격하다 to pass 어리다 to be young

핵심 표현 Key Expression ❷ | A-(으)ㄴ데, V-는데, N인데 1

1. 보기 와 같이 쓰세요. Fill in the table with the correct form of each word as shown in the example.

A-(으)ㄴ데		V-는데	
크다	보기 큰데	가다	보기 가는데
친절하다		먹다	
작다		공부하다	
춥다		걷다	
맛있다		듣다	

2. 보기 와 같이 문장을 만들어 보세요. Make sentences as shown in the example.

보기

비빔밥을 먹었어요 + 맛있었어요

→ 비빔밥을 먹었는데 맛있었어요.

1) 명동에 갔어요 + 사람이 많았어요

→ ______________________________.

2) 영화표가 있어요 + 같이 볼까요?

→ ______________________________?

3) 이 옷이 너무 비싸요 + 사지 마세요

→ ______________________________.

4) 날씨가 추워요 + 차 한 잔 마실까요?

→ ______________________________?

5) 이 음식이 맛있어요 + 한번 먹어 보세요

→ ______________________________.

6) 이 사람은 제 친구예요 + 캐나다에서 왔어요

→ ______________________________.

종합 연습 Comprehensive Exercises

1. 단어를 찾아 퍼즐을 풀어 보세요. 동사나 형용사는 보기 처럼 '-다' 형태로 쓰세요. Use the vocabulary words to figure out the crossword puzzle. Write verbs and adjectives using the ending form '-다' like in the example.

가로 horizontal ➡

개월
의사
짜다
분위기
세우다
지하철
가입하다
감사하다
수산시장
취소하다
언어교육원

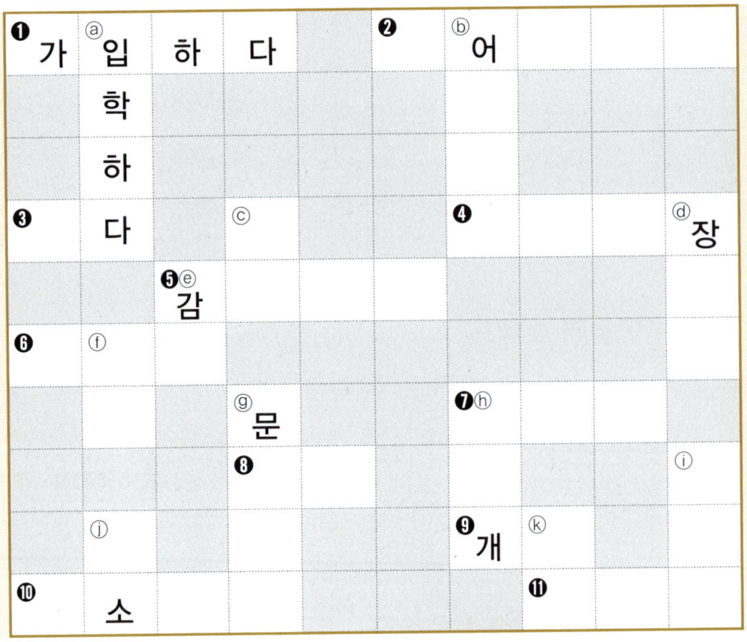

세로 vertical ⬇

감기
장소
식사
월세
위치
비싸다
장학금
지우개
문의하다
어학연수
입학하다

가로 ➡

❶ 여행 동아리에 보기 가입했어요.

❷ 저는 __________에서 한국어를 배우고 있어요.

❸ 친구들 하고 여행 일정을 __________(으)려고 해요.

❹ 노량진__________에 가서 생선회를 먹었어요.

❺ A: 우체국은 은행 옆에 있어요.
B: 가르쳐 주셔서 __________.

❻ 저 식당에서 밥을 먹을까요? 음식 값도 싸고 __________도 좋아요.

❼ 출근 시간에는 차가 많이 막히니까 __________을/를 타세요.

❽ 저는 아픈 사람들을 치료하는 __________이/가 되고 싶어요.

❾ 저는 6__________ 동안 한국어를 배웠어요.

❿ 날씨가 안 좋아서 여행을 __________았어요/었어요.

⓫ 유학을 갈 거예요. 그래서 지금 공부 계획을 __________고 있어요.

세로 ⬇

ⓐ 제 동생은 올해 중학교에 보기 입학했어요.

ⓑ 저는 중국에서 중국어를 배웠어요. 1년 동안 베이징에서 __________을/를 했어요.

ⓒ 아침 __________을/를 못 해서 배고파요.

ⓓ 열심히 공부해서 __________을/를 받았어요.

ⓔ __________에 걸려서 기침이 많이 나요.

ⓕ 이사할 집은 __________이/가 아주 좋아요. 지하철역이 가깝고 근처에 시장도 있어요.

ⓖ 수강 신청 날짜를 잘 모르면 사무실에 전화해서 __________아/어 보세요.

ⓗ 주소를 잘못 써서 지워야 하는데 __________이/가 있어요?

ⓘ 너무 __________아요/어요. 좀 깎아 주세요.

ⓙ 이번 회의 __________은/는 서울호텔이에요.

ⓚ 이 집은 __________이/가 싸요. 한 달에 20만 원이에요.

새 단어 New Vocabulary
출근 시간 starting time of work 치료하다 to treat, to cure 지우다 to erase

2. 그림을 보고 보기 와 같이 대화를 완성해 보세요.

Look at the following pictures and complete the dialogues as shown in the example.

보기

유람선을 타다

- 한강에서 유람선을 타 봤어요?
- 네, 타 본 적이 있어요. 경치가 정말 아름다웠어요.

1)

경복궁에 가다

- ______________________?
- 네, ______________________. 한복을 입고 갔어요.

2)

남산에 올라가다

- ______________________?
- 네, ______________________. 케이블카를 타고 올라갔어요.

3)

아르바이트를 하다

- ______________________?
- 네, ______________________. 편의점에서 일했어요.

4)

닭갈비를 먹다

- ______________________?
- 네, ______________________. 조금 매웠지만 맛있었어요.

5)

- ______________________?
- ______________________. ______________________.

새 단어 New Vocabulary 케이블카 cable car 편의점 convenience store

3. **다음을 읽고 순서에 맞게 대화를 완성해 보세요.**

Read the following sentences and arrange them in the correct order to complete the conversation.

1. 생선회를 처음 먹어 봤는데 맛있었어요.
2. 언제 가 봤어요?
3. 부산에 가 봤어요?
4. 친구가 한국에 왔을 때 가 봤어요.
5. 거기에서 뭐 먹었어요?
6. 네, 가 본 적이 있어요.

(3) - ( ) - (2) - ( ) - ( ) - ( )

A: 부산에 가 봤어요?

B: ______________________________

A: ______________________________

B: ______________________________

A: ______________________________

B: ______________________________

4. **알맞은 것을 고르세요.**

Choose the correct answer.

1) 삼계탕이 (맛있어서 / 맛있는데) 한번 먹어 보세요.

2) 지하철을 (타서 / 탔는데) 복잡했어요.

3) 내일 회의가 (있어서 / 있는데) 회의 준비를 해야 돼요.

4) 지난주에 영화를 (봐서 / 봤는데) 재미없었어요.

5) 머리가 (아파서 / 아픈데) 약을 먹었어요.

6) 날씨가 (좋아서 / 좋은데) 자전거를 탈까요?

7) 주말에 모임이 (있어서 / 있는데) 같이 가요.

8) 오늘 (바빠서 / 바쁜데) 친구를 만날 시간이 없어요.

9) 이 가수의 노래가 (좋아서 / 좋은데) 자주 들어요.

4 취업 Employment

1과 컴퓨터 회사에서 일한 적이 있습니다
I've worked at a computer company

어휘 Vocabulary

1. 그림을 보고 알맞은 단어를 골라 보기 와 같이 대화를 완성해 보세요.

Look at the following pictures and choose the correct words to complete the dialogues as shown in the example.

지원 이력서 면접 취업 합격

보기

A: 왜 그 회사에 취업하려고 해요?

B: 세계적으로 유명한 회사라서 전부터 가고 싶었어요.

1)

A: ________을/를 잘 봤어요?

B: 너무 떨려서 잘 못 봤어요.

2)

A: 승진 시험에 ________한 것을 축하합니다!

B: 네, 축하해 주셔서 감사합니다.

3)

A: 대학원에 ________하려고 하는데 추천서가 필요한가요?

B: 네, 필요합니다.

4)

A: ________에 사진을 붙여야 돼요?

B: 아니요, 안 붙여도 돼요.

새 단어 New Vocabulary: 세계적으로 worldwide 유명하다 to be famous 승진 promotion 추천서 letter of recommendation

핵심 표현 Key Expression ❶ | A/V-ㅂ니다/습니다, N입니다

1. 보기 와 같이 쓰세요. Fill in the table with the correct form of each word as shown in the example.

A/V-ㅂ니다		A/V-습니다	
크다	보기 큽니다	작다	보기 작습니다
예쁘다		좋다	
복잡하다		있다	
가다		먹다	
보다		읽다	
배우다		듣다	
공부하다		걷다	

2. 보기 와 같이 대화를 완성해 보세요. Complete the dialogues as shown in the example.

보기
A: 어느 회사에 다닙니까? (다니다)
B: 서울컴퓨터에 다닙니다.

1) A: 수업은 몇 시부터 ______________? (시작하다)
B: 2시부터 ______________.

2) A: N서울타워는 어디에 ______________? (있다)
B: N서울타워는 남산에 ______________.

3) A: 어떤 회사에서 ______________? (일하고 싶다)
B: 분위기가 좋은 회사에서 ______________.

4) A: 어디에서 ______________? (살다)
B: 신림동에서 ______________.

핵심 표현 Key Expression ❷ | V-(으)ㄴ N

1. 보기 와 같이 문장을 만들어 보세요. Complete the sentences as shown in the example.

보기
어제 시장에서 산 과일이 정말 맛있었어요. (사다)

1) 어제 ____________ 편지를 친구한테 보냈어요. (쓰다)

2) 아까 ____________ 음식이 정말 매웠어요. (먹다)

3) 이 사진은 언제 ____________ 사진이에요? (찍다)

4) 이 음식은 누가 ____________ 음식이에요? (만들다)

2. 보기 와 같이 문장을 만들어 보세요. Make sentences as shown in the example.

보기
어제 영화를 봤어요 + 그 영화가 재미있었어요
→ 어제 본 영화가 재미있었어요.

1) 아침에 커피를 마셨어요 + 그 커피가 맛있었어요
→ ____.

2) 고향으로 친구가 돌아갔어요 + 그 친구가 보고 싶어요
→ ____.

3) 어제 책을 읽었어요 + 그 책이 어려웠어요
→ ____.

4) 생일에 선물을 받았어요 + 그 선물이 마음에 들었어요
→ ____.

5) 조금 전에 라디오에서 노래를 들었어요 + 그 노래가 정말 좋았어요
→ ____.

4 취업 Employment

2과 지금 다니는 회사보다 연봉이 많아요
The salary is higher than my current job

어휘 Vocabulary

1. 그림을 보고 알맞은 것을 골라 문장을 만들어 보세요.
Look at the following pictures and choose the correct words to complete the sentences as shown in the example.

연봉	근무 시간	휴가	출장

1) 

저는 ________ 이/가 긴 회사에 취직하고 싶어요.
푹 쉬면 일도 더 잘할 수 있어요.

2) 

제가 다니는 회사는 ________ 이/가 짧아요.
그래서 퇴근 후에 시간이 많아요.

3) 

저는 ________ 이/가 많은 회사에서 일하고 싶어요.
돈을 많이 모아서 차도 사고 집도 사고 싶어요.

4) 

저는 외국 ________ 을/를 자주 가요.
좀 힘들고 피곤하지만 여러 나라에 가 볼 수 있어서 좋아요.

2. 관계가 있는 것을 골라 연결하세요. Connect the sentence to the related word.

1) 저는 작년에 한국대학교를 졸업했습니다. •
2) 저는 3년 동안 컴퓨터 회사에서 일한 적이 있습니다. •
3) 저는 운전면허증이 있습니다. •

• ① 자격증
• ② 학력
• ③ 경력
• ④ 연락처

핵심 표현 Key Expression ❶ | N보다

1. 그림을 보고 보기 와 같이 문장을 만들어 보세요.

Look at the following pictures and complete the sentences as shown in the example.

보기

사과☐ 딸기☑

A: 무슨 과일을 더 좋아해요?

B: 사과보다 딸기를 더 좋아해요.

1)

누나☐ 동생☑

A: 누가 키가 더 커요?

B: ______________________.

2)

이메일☑ 편지☐

A: 뭐가 더 편해요?

B: ______________________.

3)

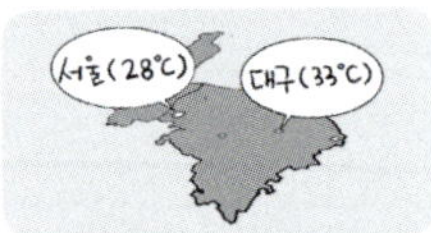

서울☐ 대구☑

A: 어디가 더 더워요?

B: ______________________.

4)

녹차☑ 콜라☐

A: 뭐가 건강에 더 좋아요?

B: ______________________.

2. 그림을 보고 알맞은 단어를 골라 보기 와 같이 문장을 만들어 보세요.

Look at the following pictures and choose the correct words to complete the sentences as shown in the example.

생각	사진	전	계획

보기

떡볶이를 먹어 봤는데 생각보다 안 매웠어요.

1)

제주도 경치가 ____________ 더 멋있었어요.

2) 

일이 ______________ 빨리 끝났어요.

3) 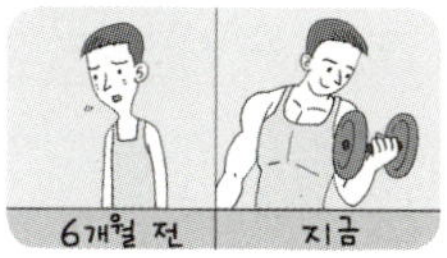

운동을 열심히 해서 ______________ 더 건강해요.

핵심 표현 Key Expression ❷ | V-(으)ㄹ 줄 알다/모르다

1. 그림을 보고 보기 와 같이 대화를 완성해 보세요.

Look at the following pictures and complete the dialogues as shown in the example.

보기

A: 수영할 수 있어요?

B: 네, <u>할 줄 알아요</u>.
/아니요, <u>할 줄 몰라요</u>.

1) 

A: 기타를 칠 수 있어요?

B: 네, ______________________.

2) 

A: 자전거 탈 수 있어요?

B: 네, ______________________.

3) 

A: 프랑스어 할 수 있어요?

B: 아니요, ______________________.

4) 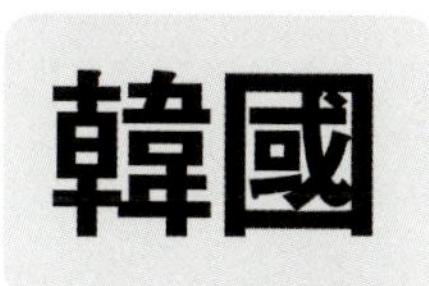

A: 한자를 읽을 수 있어요?

B: 아니요, ____________________.

5) 

A: 김밥을 만들 수 있어요?

B: 네, ______________________.

종합 연습 Comprehensive Exercises

1. **상황에 맞게 '-아요/어요'와 '-ㅂ니다/습니다, 입니다'를 사용해서 대화를 완성해 보세요.**

According to the situation, choose either '-아요/어요' or '-ㅂ니다/습니다, 입니다' to complete the dialogues.

A: 안녕하세요? 만나서 반가워요.

B: 만나서 반가워요. 저는 기욤이에요.

A: 저는 김민수예요. 기욤 씨는 어느 나라에서

1) ______________________?

B: 저는 캐나다에서 2) ______________________.

A: 얼마 동안 한국에서 살았어요?

B: 2년 동안 3) ______________________.

김민수 씨는 전공이 4) ______________________?

A: 경영학5) ______________. 기욤 씨는 뭘 공부해요?

B: 저는 역사학을 6) ______________________.

역사 공부가 재미있어요.

A: 안녕하십니까? 만나서 a) ______________________.

B: 만나서 b) ______________. 저는 기욤입니다.

A: 저는 김민수입니다. 기욤 씨는 어느 나라에서

c) ______________________?

B: 저는 캐나다에서 d) ______________________.

A: 얼마 동안 한국에서 살았습니까?

B: 2년 동안 e) ______________________.

김민수 씨는 전공이 f) ______________________?

A: 경영학g) ______________________.

기욤 씨는 무엇을 h) ______________________?

B: 저는 역사학을 i) ______________________.

역사 공부가 j) ______________________.

2. 알맞은 것을 고르세요.

Choose the correct answer.

1) 어제 (본 / 보는) 영화가 아주 재미있었어요.

2) 지난주에 서점에서 (산 / 사는) 책을 다 읽었어요.

3) 민수 씨가 매일 (마신 / 마시는) 차는 녹차예요.

4) 오늘 아침에 (먹은 / 먹는) 빵이 정말 맛있었어요.

5) 어제 (간 / 가는) 식당에 오늘 또 가려고 해요.

6) 요즘 한국 노래를 (좋아한 / 좋아하는) 사람들이 많아요.

3. 그림을 보고 알맞은 단어를 골라 글을 완성해 보세요.

Look at the following picture and choose the correct words to complete the passage.

찍다 쓰다 신다 입다 하다

이 사진은 작년 겨울에 우리 반 친구들과 같이 남산에서 1) ___________ 사진입니다. 원피스를 2) _________ 사람은 팅팅 씨입니다. 그리고 모자를 3) _________ 사람은 에바 씨입니다. 에바 씨 옆에 파란색 운동화를 4) _______ 사람은 유카 씨입니다. 빨간색 넥타이를 5) _______ 사람은 기욤 씨입니다. 이날 우리는 남산을 구경하고 사진을 찍었습니다. 아주 즐거웠습니다.

4. 다음을 읽고 순서에 맞게 대화를 완성해 보세요.

Read the following sentences and arrange them in the correct order to complete the conversation.

1. 네, 무슨 일이에요?
2. 지우 씨, 저 좀 도와줄 수 있어요?
3. 자기소개서를 써 본 적이 있지요?
4. 네, 써 봤어요.
5. 좋아요. 한번 보여 주세요.
6. 제가 지금 자기소개서를 쓰고 있는데 생각보다 어려워서요. 좀 도와주세요.

(2) - ( ) - (3) - ( ) - ( ) - ( )

A: 지우 씨, 저 좀 도와줄 수 있어요?

B: ______

A: ______

B: ______

A: ______

B: ______

새 단어 New Vocabulary	자기소개서 letter of self-introduction

5. **알맞은 단어를 골라 대화를 완성해 보세요.**

Choose the correct words to complete the dialogues.

무슨	어떤	누가	어떻게

1) A: 유카 씨는 ________________ 사람을 좋아해요?

B: 저는 친절한 사람이 좋아요.

2) A: ________________ 영화를 볼까요?

B: '부산행'을 보는 게 어때요?

3) A: 회사에서 집까지 ________________ 가요?

B: 버스를 타고 가요. 집 바로 앞까지 가는 버스가 있어서요.

4) A: ________________ 어제 학교에 안 왔어요?

B: 기욤 씨가 안 왔어요.

새 단어 New Vocabulary	바로 right

5 건강 Health

1과 건강에 관심이 많네요
You're very interested in health

어휘 Vocabulary

1. **그림을 보고 알맞은 것을 골라 보기 와 같이 대화를 완성해 보세요.**

Look at the following pictures and choose the correct words to complete the dialogues as shown in the example.

건강/몸에 좋다 　 (건강을 지키다)
골고루 먹다 　 스트레스를 풀다 　 즐겁게 생활하다

보기

A: 정우 씨는 <u>건강을 지키는</u> 특별한 방법이 있어요?

B: 저는 매일 운동해요. 술도 많이 안 마시고요.

1)

A: 케빈 씨는 어떻게 ______________________ 아요/어요?

B: 저는 스트레스를 받으면 노래방에 가서 노래해요.

2)

A: 저는 야채를 싫어해서 잘 안 먹어요.

B: 음식은 ______________________ 아야/어야 돼요.

3)

A: 인삼차는 ______________________ (으)ㄴ 차예요. 한번 드셔 보세요.

B: 네, 고마워요.

4)

A: 에밀리 씨, 잘 지내고 있어요? 한국 생활은 어때요?

B: 아주 좋아요. 한국에서 ______________________ 고 있어요.

핵심 표현 Key Expression ❶ | A-게

1. 알맞은 단어를 골라 보기 와 같이 문장을 만들어 보세요.

Choose the correct words to complete the sentences as shown in the example.

싸다　　친절하다　　신나다　　맛있다　　따뜻하다

보기
세일을 해서 옷을 싸게 샀어요.

1) 추우니까 옷을 ________________ 입으세요.
2) 비빔밥을 ________________ 먹었어요.
3) 놀이공원에서 친구들과 ________________ 놀았어요.
4) 아저씨가 길을 ________________ 가르쳐 주셨어요.

2. 그림을 보고 보기 와 같이 대화를 완성해 보세요.

Look at the following pictures and complete the dialogues as shown in the example.

보기

A: 음식 나왔습니다. 맛있게 드세요.
B: 네, 감사합니다.

1)

A: 영화 ________________ 보세요.
B: 네, 고맙습니다.

2)

A: ________________ 이야기해 주세요. 잘 안 들려요.
B: 알겠어요. 다시 말해 줄게요.

3)

A: 왜 학교에 늦었어요?
B: 아침에 ________________ 일어났어요.

4)

A: 머리를 ________________ 잘라 주세요.
B: 네, 알겠습니다.

새 단어 New Vocabulary
들리다 to be heard

핵심 표현 Key Expression ❷ | A/V-네요

1. 그림을 보고 보기 와 같이 문장을 만들어 보세요.

Look at the following pictures and complete the sentences as shown in the example.

보기

오늘 비가 오네요.

1) 

명동에는 사람이 ____________________.

2) 

경치가 ____________________.

3) 

양양 씨 형은 키가 ____________________.

4) 

정말 춤을 잘 ____________________.

5) 

오늘 길이 많이 ____________________.

6) 

어젯밤에 눈이 많이 ____________________.

7) 

마이클 씨는 어릴 때 정말 ____________________.

어휘 Vocabulary

1. 그림을 보고 보기 와 같이 알맞은 것을 연결하세요.

Connect the picture to the correct health symptom as shown in the example.

보기

1) 

2) 

3) 

4) 

5) 

① 어지러워요.

② 몸살이 났어요.

③ 입맛이 없어요.

④ 잠이 안 와요.

⑤ 소화가 안 돼요.

⑥ 배탈이 났어요.

핵심 표현 Key Expression ❶ | V-(으)ㄴ, 는, (으)ㄹ 것 같다

1. 보기 와 같이 쓰세요.

Fill in the table with the correct form of each verb as shown in the example.

	V-(으)ㄴ 것 같다	V-는 것 같다	V-(으)ㄹ 것 같다
가다	보기 간 것 같아요	보기 가는 것 같아요	보기 갈 것 같아요
배우다			
공부하다			
먹다			
읽다			
걷다			
듣다			
알다			
만들다			

2. 알맞은 단어를 골라 '-(으)ㄴ 것 같다'를 사용해서 문장을 만들어 보세요.

Choose the correct words and combine them with '-(으)ㄴ 것 같다' to complete the sentences.

공부하다 가다 배우다 일어나다

1) 팅팅 씨는 시험을 잘 봤어요. 열심히 ______________________.

2) 학생들이 다 집에 ______________________. 교실에 아무도 없어요.

3) 호세 씨는 수영을 잘해요. 어렸을 때 수영을 ______________________.

4) 기욤 씨가 오늘 지각했어요. 아침에 늦게 ______________________.

새 단어 New Vocabulary

아무도 no one, nobody

3. 알맞은 단어를 골라 '-는 것 같다'를 사용해서 문장을 만들어 보세요.

Choose the correct words and combine them with '-는 것 같다' to complete the sentences.

요리하다	듣다	알다	좋아하다

1) 로렌 씨는 백화점에 자주 가요. 쇼핑을 ____________________.

2) 다쿠야 씨가 전화를 안 받아요. 지금 학교에서 수업을 ____________________.

3) 아딜라 씨가 지금 부엌에서 ____________________. 맛있는 냄새가 나요.

4) 미아 씨는 한국 영화를 많이 봐요. 그래서 한국 배우를 많이 ____________________.

4. 알맞은 단어를 골라 '-(으)ㄹ 것 같다'를 사용해서 문장을 만들어 보세요.

Choose the correct words and combine them with '-(으)ㄹ 것 같다' to complete the sentences.

읽다	자다	늦다	오다

1) 길이 많이 막혀서 약속 장소에 좀 ____________________.

2) 이 책은 좀 어려워요. 아이가 못 ____________________.

3) 오늘 너무 피곤해서 집에 가면 금방 ____________________.

4) 안나 씨는 오늘 아파서 집에 일찍 갔어요. 오늘 모임에 못 ____________________.

새 단어 New Vocabulary 부엌 kitchen 냄새가 나다 to smell

핵심 표현 Key Expression ❷ | A-(으)ㄴ, (으)ㄹ 것 같다

1. 보기 와 같이 쓰세요.

Fill in the table with the correct form of each adjective as shown in the example.

	A-(으)ㄴ 것 같다	A-(으)ㄹ 것 같다
크다	보기 큰 것 같아요	보기 클 것 같아요
아프다		
복잡하다		
작다		
좋다		
춥다		
맛있다		
재미없다		

2. 그림을 보고 보기 와 같이 '-(으)ㄴ 것 같다'를 사용해서 문장을 만들어 보세요.

Look at the following pictures and use '-(으)ㄴ 것 같다' to complete the sentences.

보기

피곤하다

민수 씨가 피곤한 것 같아요.

1)

아프다

동생이 머리가 ______________________.

2)

작다

바지가 ______________________.

3)

쉽다

이 책은 ______________________.

3. **그림을 보고 보기 와 같이 '-(으)ㄹ 것 같다'를 사용해서 문장을 만들어 보세요.**

Look at the following pictures and use '-(으)ㄹ 것 같다' to complete the sentences.

보기

재미있다

이 영화가 재미있을 것 같아요.

1)

빠르다

지하철을 타는 게 ______________________.

2)

맑다

내일 날씨가 ______________________.

3)

짜다

소금을 많이 넣어서 음식이 ______________________.

4)

비싸다

이 집은 새집이라서 월세가 ______________________.

5)

편하다

여행할 때 운동화를 신는 게 ______________________.

6)

많다

금요일이라서 강남역에 사람이 ______________________.

새 단어 New Vocabulary | 새집 brand-new house

종합 연습 Comprehensive Exercises

1. 공통으로 들어갈 수 있는 단어를 연결하고 문장을 완성해 보세요.

Complete the sentences by connecting the word that goes in the blank for both sentences.

1) 오다 • • ①
- 감기에 걸려서 열이 ________________.
- 무리해서 몸살이 ________________.

2) 나다 • • ②
- 건강을 ________________ 방법을 말씀해 주세요.
- 양양 씨는 약속을 잘 ________________.

3) 지키다 • • ③
- 요즘 잠이 잘 안 ________________. 새벽 2시쯤 자요.
- 에밀리 씨가 아직 학교에 안 ________________.

2. 알맞은 것을 고르세요. Choose the correct answer.

1) 백화점에서 세일을 했어요. 그래서 옷을 (싼 / 싸게) 샀어요.

2) 저는 (똑똑한 / 똑똑하게) 사람을 좋아해요. 투이 씨는 (어떤 / 어떻게) 사람을 좋아해요?

3) 이 사진을 보세요. 에밀리 씨가 정말 (예쁜 / 예쁘게) 웃고 있네요.

4) 저는 (무서운 / 무섭게) 영화보다 (재미있는 / 재미있게) 영화를 좋아해요.

5) 투이 씨가 머리를 잘랐네요. 투이 씨한테 (짧은 / 짧게) 머리가 잘 어울려요.

새 단어 New Vocabulary	어울리다 to go well with

3. **알맞은 단어를 골라 보기 와 같이 대화를 완성해 보세요.**

Choose the correct words to complete the dialogues as shown in the example.

많이	빨리	열심히	멀리	천천히	깨끗이

보기

A: 에밀리 씨, 좀 더 드세요.

B: 아니에요. 벌써 많이 먹었어요.

1) A: 방학 때 캐나다로 여행을 가요.

B: 와, ______________ 가네요. 비행기로 열 시간쯤 걸리지요?

2) A: 약속 시간에 늦을 것 같아요. ______________ 갑시다.

B: 그럼 우리 택시를 타는 게 어때요?

3) A: 내일 시험이니까 ______________ 공부하세요.

B: 네, 알겠습니다.

4) A: 선생님, ______________ 이야기해 주세요.

너무 빨라서 이해 못 했어요.

B: 알겠어요. 다시 이야기해 줄게요.

5) A: 이 사과 먹어도 돼요?

B: 네, 제가 조금 전에 ______________ 씻었어요.

새 단어 New Vocabulary

이해하다 to understand

4. 알맞은 것을 고르세요. Choose the correct answer.

1) A: 유카 씨가 집에 없네요.

B: 벌써 회사에 (간 / 가는 / 갈) 것 같아요.

2) A: 마이클 씨가 다음 학기에도 한국어를 공부할까요?

B: 네, 다음 학기에도 (공부한 / 공부하는 / 공부할) 것 같아요.

3) A: 방이 아주 깨끗하네요.

B: 그렇지요? 룸메이트가 방을 (청소한 / 청소하는 / 청소할) 것 같아요.

4) A: 에밀리 씨는 매일 한국 식당에 가요?

B: 네. 에밀리 씨는 한국 음식을 (좋아한 / 좋아하는 / 좋아할) 것 같아요.

5) A: 투이 씨가 계속 조네요.

B: 어제 잠을 못 (잔 / 자는 / 잘) 것 같아요.

6) A: 기욤 씨한테 계속 전화했는데 전화를 안 받아요.

B: 지금 회의를 (한 / 하는 / 할) 것 같아요.

새 단어 New Vocabulary | 졸다 to doze off, to nod off

5. 그림을 보고 추측할 수 있는 것을 쓰세요.

Look at the following picture and write things that you can guess from it.

6 고장 Broken

1과 노트북 화면이 안 나와요
My laptop screen won't turn on

어휘 Vocabulary

1. 그림을 보고 보기 와 같이 알맞은 것을 연결하세요.
Connect the picture to the correct expression as shown in the example.

보기

• ① 맡기다

1) 

• ② 고장이 나다

2) 
• ③ 고치다/수리하다

3) 
• ④ 화면이 안 나오다

4) 
• ⑤ 이상한 소리가 나다

5) 
• ⑥ 전원이 안 켜지다

핵심 표현 Key Expression ❶ | V-다가

1. 그림을 보고 보기 와 같이 대화를 완성해 보세요.

Look at the following pictures and complete the dialogues as shown in the example.

보기

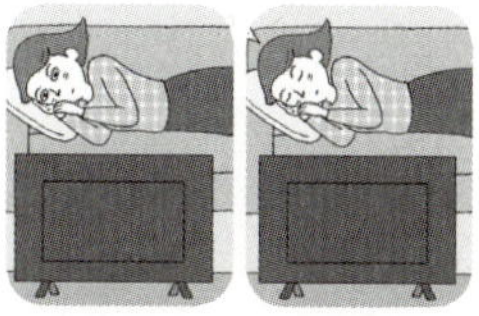

A: 그 드라마를 다 봤어요?

B: 아니요, 좀 피곤해서 <u>보다가</u> 잤어요.

1) 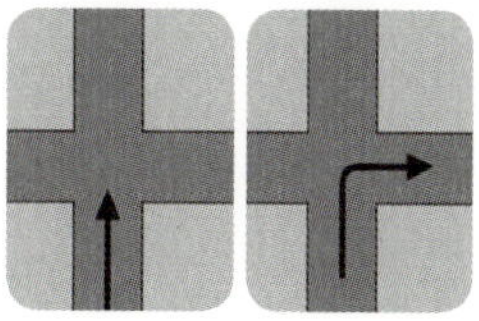

A: 이 근처에 도서관이 어디에 있어요?

B: 이쪽으로 쭉 ________ 오른쪽으로 돌아가면 있어요.

2) 

A: 지금도 서울컴퓨터에 다녀요?

B: 아니요, 3년 동안 ________ 작년에 그만뒀어요.

3) 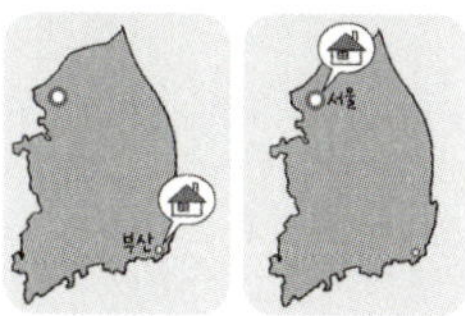

A: 나나 씨는 지금도 부산에 살아요?

B: 아니요, 부산에서 ________ 서울로 이사했어요.

4) 

A: 어제 산 책 다 읽었어요?

B: 아니요, 어제저녁에 책을 ________ 잤어요.

5) 

A: 왜 울어요? 무슨 일 있어요?

B: 가족사진을 ________ 고향 생각이 나서요.

6) 

A: 어디에서 김밥을 샀어요?

B: 아침에 회사에 ________ 지하철역 앞에서 샀어요.

새 단어 New Vocabulary	어제저녁 yesterday evening

핵심 표현 Key Expression ❷ | N 때문에

1. **그림을 보고 보기 와 같이 대화를 완성해 보세요.**

Look at the following pictures and complete the dialogues as shown in the example.

보기

A: 오늘 왜 학교에 늦었어요?

B: <u>버스 때문에 늦었어요.</u>

제가 탄 버스가 고장이 났어요.

1)

A: 왜 비행기가 출발 못 해요?

B: ______________________________.

눈이 너무 많이 왔어요.

2)

A: 왜 서비스 센터에 가요?

B: ______________________________.

휴대폰이 고장이 났어요.

3)

A: 왜 아직 퇴근 못 했어요?

B: ______________________________.

회의 준비를 오늘까지 끝내야 돼요.

4)

A: 주말에 왜 모임에 안 왔어요?

B: ______________________________.

주말마다 편의점에서 아르바이트를 해요.

5)

A: 왜 등산을 안 갔어요?

B: ______________________________.

비가 오면 좀 위험해서요.

6)

A: 왜 화가 났어요?

B: ______________________________.

동생이 자주 제 옷을 입어요.

새 단어 New Vocabulary

위험하다 to be dangerous

2과 세탁기가 고장 나서 전화 드렸어요

I called because my washing machine is broken

어휘 Vocabulary

1. 알맞은 것을 골라 문장을 만들어 보세요. Choose the correct words to complete the sentences.

버튼을 누르다　　전원을 켜다　　전원을 끄다

1) 시험을 볼 때는 휴대폰 ________________(으)세요. 시험 시간에는 휴대폰을 볼 수 없어요.

2) 음악을 듣고 싶으면 먼저 스피커의 ________________(으)세요.

3) 휴대폰 전원 ________________았어요/었어요. 그런데 전원이 안 켜졌어요.
휴대폰이 고장 난 것 같아요.

2. 그림을 보고 알맞은 것을 골라 글을 완성해 보세요.

Look at the following pictures and choose the correct words to complete the passage.

수리 기사　　수리비　　수리하다　　고장이 나다

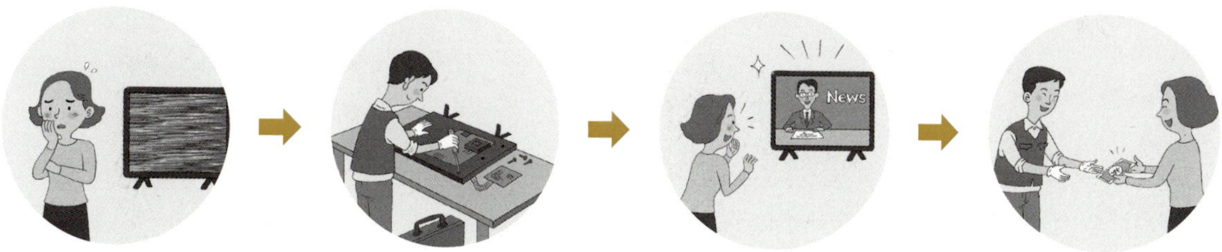

텔레비전이 1)________________았어요/었어요. 화면도 안 나오고 이상한 소리도 났어요. 그래서 서비스 센터에 전화했어요. 2)________________이/가 집으로 와서 텔레비전을 3)________________았어요/었어요. 그래서 이제 화면도 잘 나오고 이상한 소리도 안 나요. 수리가 끝나고 수리 기사에게 4)________________을/를 드렸어요.

새 단어 New Vocabulary | 스피커 speaker

핵심 표현 Key Expression ❶ | A-(으)ㄴ데, V-는데, N인데 2

1. **그림을 보고 보기 와 같이 문장을 만들어 보세요.**
Look at the following pictures and complete the sentences as shown in the example.

보기

저는 매운 음식을 좋아하는데 제 동생은 안 좋아해요.

1) 

저는 농구를 ______________ 제 친구는 잘 못해요.

2) 

이 영화는 ______________ 그 영화는 재미없어요.

3) 

저는 한국 드라마를 자주 ______________ 제 룸메이트는 안 봐요.

4) 

요즘 제 고향은 날씨가 ______________ 한국은 더워요.

2. **보기 와 같이 대화를 완성해 보세요.** Complete the dialogues as shown in the example.

보기

A: 에밀리 씨, 돼지고기를 먹어요?

B: 아니요, 저는 소고기는 먹는데 돼지고기는 안 먹어요.

1) A: 양양 씨, 드라마 보는 거 좋아해요?

B: 아니요, 저는 영화는 ______________ 드라마는 별로 안 좋아해요.

2) A: 기음 씨, 오늘 바빠요?

B: 아니요, 어제는 ______________ 오늘은 안 바빠요.

3) A: 지우 씨, 된장찌개를 만들 줄 알아요?

B: 아니요, 저는 김치찌개는 ______________ 된장찌개는 만들 줄 몰라요.

핵심 표현 Key Expression ❷ | V-(으)ㄹ N

1. **그림을 보고 알맞은 단어를 골라 보기 와 같이 만들어 보세요.**

Look at the following pictures and choose the correct words to complete the sentences as shown in the example.

(먹다) 보다 신다 만들다 읽다 드리다 가다

보기

냉장고에 <u>먹을</u> 음식이 없어서 시장에 갔어요.

1) 

다음 주에 ____________ 연극표를 인터넷으로 예매했어요.

2) 

며칠 동안 빨래를 안 해서 ____________ 양말이 없어요.

3) 

부모님이 한국에 오시면 같이 __________ 곳을 찾아봤어요.

4) 

이번 방학 동안 __________ 한국 소설을 고르고 있어요.

5) 

어머니께 __________ 꽃과 선물을 샀어요.

6) 

오늘 저녁에 __________ 음식은 불고기예요. 그래서 소고기를 샀어요.

새 단어 New Vocabulary	양말 socks 고르다 to choose

종합 연습 Comprehensive Exercises

1. 단어를 찾아 퍼즐을 풀어 보세요. 동사나 형용사는 보기 와 같이 '–다' 형태로 쓰세요.

Use the vocabulary words to figure out the crossword puzzle. Write verbs and adjectives using the ending form '–다' like in the example.

가로 horizontal ➡

고기
바다
이사
장소
포도
화면
스트레스
고치다
알아보다
지원하다
출발하다

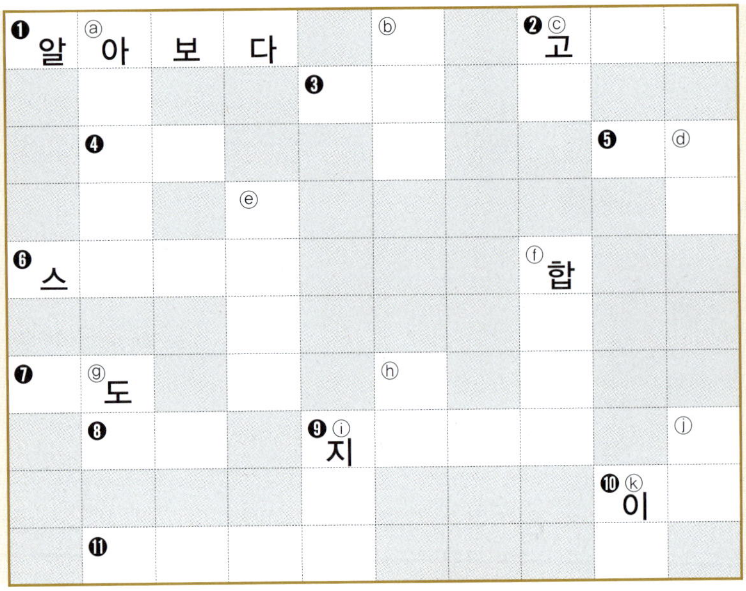

세로 vertical ⬇

고장
도장
면접
이틀
전원
회사
홈스테이
아르바이트
맡기다
지키다
합격하다

가로 ➡

❶ 여행갈 곳을 인터넷으로 보기 알아봤어요.

❷ 노트북이 안 되어서 ______았어요/었어요. 지금은 잘돼요.

❸ 저는 야채는 안 좋아하는데 ______은/는 좋아해요. 특히 삼겹살을 좋아해요.

❹ 저는 ______에서 수영하는 것을 좋아해요.

❺ 텔레비전이 소리는 나는데 ______이/가 안 나와요. 드라마를 볼 수 없어요.

❻ 일이 잘 안 될 때 ______을/를 받아요.

❼ 저는 과일을 좋아하는데 특히 ______을/를 좋아해요. 이것으로 만든 와인도 좋아하고요.

❽ A: 오늘 약속 ______이/가 어디예요?
B: 강남역 1번 출구 앞에 있는 커피숍이에요.

❾ 저는 서울컴퓨터에 다니고 싶었어요. 그래서 이번에 서울컴퓨터에 ______았어요/었어요.

❿ 서울에서 살다가 부산으로 ______을/를 했어요.

⓫ 날씨 때문에 비행기가 늦게 ______아요/어요.

세로 ⬇

ⓐ 평일에는 학교에 다니는데 주말에는 식당에서 ______을/를 해요.

ⓑ 오래된 컴퓨터를 서비스 센터에 ______았어요/었어요.

ⓒ 휴대폰이 ______이/가 나서 쓸 수 없어요.

ⓓ 회사에 들어가려고 ______을/를 봤어요. 정말 떨렸어요.

ⓔ 저는 작년에는 기숙사에서 살았는데 올해는 한국 사람 집에서 ______을/를 하고 있어요.

ⓕ 회사 면접에 ______. 정말 기뻐요.

ⓖ ______이/가 없으면 서명을 하면 돼요.

ⓗ 갑자기 휴대폰 ______이/가 안 켜져요.

ⓘ 친구 때문에 화가 나요. 친구는 약속 시간을 안 ______아요/어요. 매일 늦어요.

ⓙ 한국 ______에서 일한 적이 있습니다.

ⓚ 어제하고 오늘 ______ 동안 시험을 봤어요.

새 단어 New Vocabulary 삼겹살 pork belly meat 와인 wine 평일 weekday

2. 공통으로 들어갈 수 있는 단어를 연결하고 문장을 완성해 보세요.

Complete the sentences by connecting the word that goes in the blank for both sentences.

1) 켜다 • • ①
- 세탁기가 고장이 ________ 서비스 센터에 전화했어요.
- 냉장고에서 이상한 소리가 ________.

2) 끄다 • • ②
- 영화를 볼 때는 휴대폰을 ________.
- 사용하지 않을 때는 컴퓨터를 ________.

3) 나오다 • • ③
- 뉴스를 보려고 텔레비전을 ________.
- 너무 어두운데 불 좀 ________.

4) 나다 • • ④
- 휴대폰이 이상하네요. 화면이 안 ________.
- 감기에 걸려서 자꾸 콧물이 ________.

3. 어울리는 것끼리 연결하여 보기 와 같이 문장을 만들어 보세요.

Connect the beginning of the sentence to the correct ending as shown in the example.

보기 내일이 시험인데 • — • ⑤ 공부를 안 했어요.

1) 양양 씨는 중국 사람인데 •
2) 이 식당의 음식은 맛있는데 •
3) 우리 회사는 월급은 많은데 •
4) 이 집은 시설은 좋은데 •

- • ① 일이 좀 힘들어요.
- • ② 시험을 잘 봤어요.
- • ③ 한국어를 잘해요.
- • ④ 월세가 비싸요.
- • ⑤ 공부를 안 했어요.
- • ⑥ 음식 값이 비싸요.

새 단어 New Vocabulary: 불 light

4. 알맞은 것을 고르세요.

Choose the correct answer.

1) 내일 (본 / 보는 / 볼) 영화가 아주 재미있을 것 같아요.

2) 한국 사람들이 자주 (먹은 / 먹는 / 먹을) 음식은 된장찌개예요.

3) 어제 도서관에서 (빌린 / 빌리는 / 빌릴) 책을 벌써 다 읽었어요?

4) 일 때문에 너무 바빠서 이번 주말에 친구를 (만난 / 만나는 / 만날) 시간이 없어요.

5) 작년 생일에 (받은 / 받는 / 받을) 선물이 정말 마음에 들었어요.

5. 알맞은 단어를 골라 문장을 만들어 보세요.

Choose the correct words to complete the sentences.

그래서 그리고 그런데

1) 날씨 때문에 비행기가 출발할 수 없었어요. ____________ 공항에서 오래 기다렸어요.

2) 친구 생일이라서 케이크를 만들었어요. ____________ 친구가 좋아할 것 같은 책도 샀어요.

3) 발표 준비 때문에 노트북을 꼭 사용해야 돼요. ____________ 노트북이 고장 났어요.

4) 중국에는 가 봤는데 일본에는 안 가 봤어요. ____________ 이번 방학에 일본으로 여행갈 거예요.

5) 수영을 하러 바다에 갔어요. ____________ 높은 파도 때문에 바다에 못 들어갔어요.

새 단어 New Vocabulary | 파도 wave

6. 다음을 읽고 순서에 맞게 대화를 완성해 보세요.

Read the following sentences and arrange them in the correct order to complete the conversation.

2. 뭘 도와 드릴까요?

4. 지난주에 맡긴 노트북을 찾으러 왔는데요.

6. 성함을 말씀해 주시면 확인해 드리겠습니다.

3. 이제 잘 되네요. 감사합니다.

5. 네, 수리가 다 되었으니까 확인해 보세요.

1. 기욤입니다. 여기 맡겼을 때 받은 접수증도 있어요.

(2) – (   ) – (   ) – (1) – (   ) – (   )

A: 뭘 도와 드릴까요?

B: ____________________

A: ____________________

B: ____________________

A: ____________________

B: ____________________

새 단어 New Vocabulary	접수증 receipt

7 모임 Gatherings

1과 금요일에 신입생 환영회에 갈 거예요?
Are you going to the freshmen welcome party on Friday?

어휘 Vocabulary

1. 관계가 있는 것을 연결하세요. Connect the sentence to the related word.

1) 새집으로 이사해서 친구들을 초대했어요. •

2) 새로 입학한 학생들과 반갑게 인사해요.
그리고 학교생활에 대해 이야기해요. •

3) 여기에 가면 같은 학교를 졸업한 친구들을 다시
만날 수 있어요. •

4) 유카 씨가 다음 주에 고향으로 돌아갈 거예요.
그래서 이번 주에 우리 반 친구들이 모이려고 해요. •

• ① 동창회
• ② 집들이
• ③ 송별회
• ④ 동아리 모임
• ⑤ 신입생 환영회

2. 그림을 보고 문장을 만들어 보세요.
Look at the following pictures and choose the correct words to complete the sentences.

모이다 | 날짜를 잡다 | 장소를 정하다 | 회비를 내다

1) 
회의에 올 사람들이 많아서 넓은 곳으로 ______________ 았어요/었어요.

2) 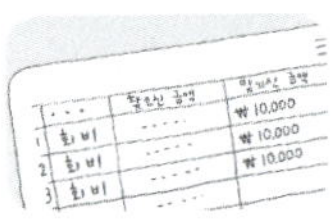
우리 모임에서는 한 달에 만 원씩 ______________ 아요/어요.
돈은 통장으로 입금하시면 돼요.

3) 

다음 모임의 ______________ (으)려고 해요. 언제가 좋으세요?

4) 

공연을 보려고 사람들이 많이 ______________ 았어요/었어요.

새 단어 New Vocabulary 입금하다 to deposit money

핵심 표현 Key Expression ❶ | A/V-(으)ㄹ까요?

1. 보기 와 같이 쓰세요. Fill in the table with the correct form of each word as shown in the example.

A/V-ㄹ까요?		A/V-(으)ㄹ까요?	
크다	보기 클까요?	작다	보기 작을까요?
예쁘다		맛있다	
비싸다		좋다	
빠르다		덥다	
복잡하다		어렵다	
가다		읽다	
오다		듣다	
공부하다		걷다	

2. 그림을 보고 보기 와 같이 대화를 완성해 보세요.

Look at the following pictures and complete the dialogues as shown in the example.

보기

좋다

A: 이번 주말에 날씨가 좋을까요?

B: 글쎄요. 저도 일기 예보를 안 봐서 모르겠어요.

1)

재미있다

A: 이 영화가 ______________?

B: 글쎄요. 저도 영화를 안 봐서 모르겠어요.

2)

맛있다

A: 저 식당 음식이 ______________?

B: 글쎄요. 저도 안 가 봐서 모르겠어요.

3)

열다

A: 토요일에 병원 문을 ______________?

B: 글쎄요. 전화해서 확인해 보세요.

4)

계시다

A: 김 선생님이 사무실에 ______________?

B: 글쎄요. 사무실에 한번 가 보세요.

새 단어 New Vocabulary | 일기 예보 weather forecast

1. 그림을 보고 보기 와 같이 대화를 완성해 보세요.

Look at the following pictures and complete the dialogues as shown in the example.

보기

복잡하다

A: 지금 길이 복잡할까요?

B: 네, 퇴근 시간이라서 복잡할 거예요.

1)

많다

A: 도서관에 사람이 ______________?

B: 시험 기간이니까 아마 ______________.

2)

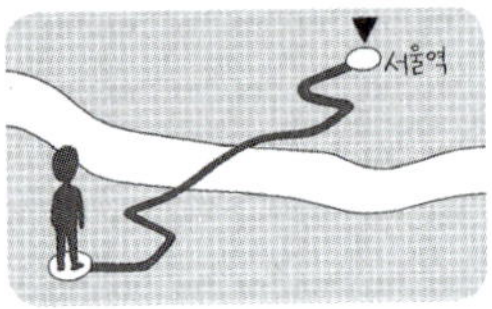

걸리다

A: 여기에서 서울역까지 얼마나 ______________?

B: 글쎄요. 길이 안 막히면 30분쯤 ______________.

3)

끝나다

A: 회의가 몇 시쯤 ______________?

B: 아마 5시쯤 ______________.

4)

맛있다

A: 이 식당 음식이 ______________?

B: ______________. 항상 손님이 많으니까요.

5)

춥다

A: 내일 날씨가 ______________?

B: 네, 오늘보다 ______________.

6)

도착하다

A: 제가 보낸 소포가 ______________?

B: 네, 며칠 전에 보냈으니까 벌써 ______________.

새 단어 New Vocabulary | 기간 period, term | 아마 maybe

2과 우리 같은 신입생이니까 말 놓을까요?
Since we're both freshmen, shall we speak casually?

어휘 Vocabulary

1. 다음에 공통으로 들어갈 수 있는 단어를 골라 쓰세요.
Fill in the blanks with the following words that belong to both of the sentences.

선배 후배 동갑

1) ________
- 우리 부부는 나이가 같아요. 저는 남편하고 ______ 이에요/예요.
- 우리는 둘 다 2000년에 태어났어요. 우리는 ______ 이에요/예요.

2) ________
- 저는 3학년, 유카는 2학년이에요. 저는 유카의 ______ 이에요/예요.
- 민수 씨는 저보다 먼저 입학했어요. 민수 씨가 제 ______ 이에요/예요.

3) ________
- 저는 2학년, 나나는 1학년이에요. 나나는 제 ______ 이에요/예요.
- 아키라 씨는 저보다 늦게 입학했어요. 아키라 씨는 제 ______ 이에요/예요.

2. 알맞은 것을 골라 대화를 완성해 보세요. Choose the correct words to complete the dialogues.

1) □ 말을 놓다 □ 높임말을 쓰다

A: 건우 씨, 그동안 잘 지냈어요?

B: 네. 그런데 저보다 나이가 많으시니까 이제 ________ (으)세요.

2) □ 반말하다 □ 높임말을 쓰다

A: 한국어 공부가 어때요? 재미있어요?

B: 네, 재미있어요. 그런데 웃어른한테 ________ 는 것이 좀 어려워요.

3) □ 반말하다 □ 높임말을 쓰다

A: 저보다 나이가 어린 사람한테는 ________ 아도/어도 괜찮지요?

B: 아니요. 처음 보는 사람한테는 ________ (으)면 안 돼요.

새 단어 New Vocabulary	이제 now 웃어른 elderly 어리다 to be young

핵심 표현 Key Expression ❶ | 반말(A/V－아/어, N(이)야, A/V－았어/었어)

1. 보기 와 같이 쓰세요. Fill in the table with the correct form of each word as shown in the example.

	A/V－아/어	A/V－았어/었어
비싸다	보기 비싸	보기 비쌌어
작다		
복잡하다		
쉽다		
가다		
오다		
먹다		
공부하다		
쓰다		
듣다		

2. 보기 와 같이 문장을 만들어 보세요. Change the form of the sentences as shown in the example.

보기 한국 음식이 맛있어요. ➡ 한국 음식이 맛있어.

1) 요즘 날씨가 좀 더워요. ➡ ______________.
2) 한국어를 할 줄 알아요? ➡ ______________?
3) 저는 매일 운동을 해요. ➡ ______________.
4) 작년에 한국에 왔어요. ➡ ______________.
5) 어제 뭘 했어요? ➡ ______________?
6) 이 옷은 좀 비싸요. ➡ ______________.
7) 생일이 언제예요? ➡ ______________?
8) 지하철에 사람이 정말 많아요. ➡ ______________.
9) 추워서 문을 닫았어요. ➡ ______________.
10) 저는 학생이 아니에요. ➡ ______________.

핵심 표현 Key Expression ❷ | 반말(A/V-(으)ㄹ 거야, V-아/어, V-자)

1. 보기 와 같이 대화를 완성해 보세요. Complete the dialogues as shown in the example.

보기
A: 내일 뭐 할 거야?
B: 영화 볼 거야. (보다)

1) A: 이따가 뭐 할 거야?
   B: 친구 ______________. (만나다)

2) A: 이번 주말에 뭐 할 거야?
   B: 한강 공원에서 자전거 ______________. (타다)

3) A: 방학 때 뭐 할 거야?
   B: 일본어를 ______________. (배우다)

4) A: 언제까지 한국에 있을 거야?
   B: 내년까지 한국에서 ______________. (살다)

2. 보기 와 같이 문장을 만들어 보세요. Change the form of the sentences as shown in the example.

보기
내일 9시까지 오세요. → 내일 9시까지 와.

1) 열심히 공부하세요. → ______________.
2) 추우니까 따뜻하게 입으세요. → ______________.
3) 여기에 이름을 쓰세요. → ______________.
4) 하루에 두 번 이 약을 드세요. → ______________.
5) 여기에 앉지 마세요. → ______________.
6) 담배 피우지 마세요. → ______________.
7) 노래를 크게 부르세요. → ______________.

3. 보기 와 같이 대화를 완성해 보세요.

Complete the dialogues as shown in the example.

> 보기
>
> A: 우리 내일 몇 시에 만날까? (만나다)
>
> B: 6시쯤 퇴근하니까 6시 반쯤 만나자.

1) A: 우리 방학 때 어디에 ________________? (가다)

   B: 부산에 안 가 봤으니까 부산에 ________________.

2) A: 수업 끝나고 같이 영화 ________________? (보다)

   B: 미안해. 오늘은 바쁘니까 내일 ________________.

3) A: 우리 뭐 ________________? (먹다)

   B: 날씨가 더우니까 냉면 ________________.

4) A: 주말에 자전거 ________________? (타다)

   B: 그래, 한강에 가서 ________________.

5) A: 내일 몇 시에 ________________? (출발하다)

   B: 길이 복잡하니까 일찍 ________________.

6) A: 우리 커피 한 잔 ________________? (마시다)

   B: 응, 학교 앞 커피숍에서 ________________.

7) A: 공부 그만하고 나가서 좀 ________________? (놀다)

   B: 그래. 이제 그만하고 좀 ________________.

종합 연습 Comprehensive Exercises

1. **알맞은 것을 골라 대화를 완성해 보세요.**
Choose the correct words to complete the dialogues.

나는	내가	나한테	내
너는	네가	너한테	네

1) A: ______________ 동생은 학생이야?
B: 아니, 내 동생은 회사원이야.

2) A: 내가 요리했으니까 설거지는 네가 해.
B: 알겠어. ______________ 할게.

3) A: 나는 지금 갈 건데 ______________ 언제 갈 거야?
B: 나도 이제 가려고 해.

4) A: 이 책을 오늘까지 반납해야 하는데 도서관에 갈 시간이 없어.
B: 그럼 ______________ 줘. 내가 반납할게.

2. **보기 와 같이 대화를 완성해 보세요.** Complete the dialogues as shown in the example.

보기

쓰다	A: 이름을 어디에 써야 돼? B: 여기에 쓰면 돼.

1) | 듣다 | A: 지금 뭐 해?
B: 고향 노래를 듣고 있어. 이걸 __________(으)니까 고향 생각이 나.

2) | 만들다 | A: 이 김밥은 누가 만들었어요?
B: 제가 __________(으)ㄴ 김밥이에요.

3) | 춥다 | A: 내일 날씨가 추울까?
B: 내일도 ______________(으)ㄹ 거야.

새 단어 New Vocabulary: 설거지 dish-washing　반납하다 to return　생각이 나다 to come to mind

4) 아프다

A: 왜 밥을 안 먹어?

B: 배가 좀 ________________아/어.

5) 모르다

A: 선생님 전화번호 알아?

B: 아니, ________________아/어.

3. 알맞은 것을 고르세요. Choose the correct answer.

1) 민수야, 너 이번 고등학교 동창회에 (갈까? / 갈 거야?)

2) 에바 씨, 에바 씨는 언제까지 한국에서 (살까요? / 살 거예요?)

3) 내일도 날씨가 (추울까요? / 추울 거예요?)

4) 부모님이 한국에 오시는데 한국 음식을 잘 (드실까요? / 드실 거예요?)

4. 보기와 같이 대화를 완성해 보세요. Complete the dialogues as shown in the example.

보기

A: 이 사람은 누구야?

B: 내 동생이야.

1) A: 오늘이 ________________________?

B: 3월 10일이야.

2) A: 우리가 어제 먹은 음식이 ________________________?

B: 막국수야.

3) A: 약속 장소가 ________________________?

B: 신림역 1번 출구야.

5. 두 사람의 관계에 맞게 높임말과 반말을 사용해서 대화를 완성해 보세요.

Complete the conversations by using either honorific or casual speech according to the relationship between the two people.

내일 약속 있어요?

아니요, 1)__________ 아요/어요. 왜요? (없다)

그럼 같이 테니스 2)__________ (으)ㄹ까요? (치다)

좋아요. 몇 시쯤 3)__________ (으)ㄹ까요? (만나다)

11시쯤 학교 앞에서 만나요.

그래요. 그럼 내일 4)__________ 아요/어요. (보다)

내일 약속 a)__________?

아니, b)__________. 왜?

그럼 같이 테니스 c)__________?

좋아. 몇 시쯤 d)__________?

11시쯤 학교 앞에서 e)__________.

그래. 그럼 내일 f)__________.

8 변화
Change

1과 부산에서 살다가 서울로 오게 됐어
We were living in Busan and ended up moving to Seoul

어휘 Vocabulary

1. 그림을 보고 보기 와 같이 알맞은 것을 연결하세요.
Connect the picture to the correct expression as shown in the example.

보기

1) 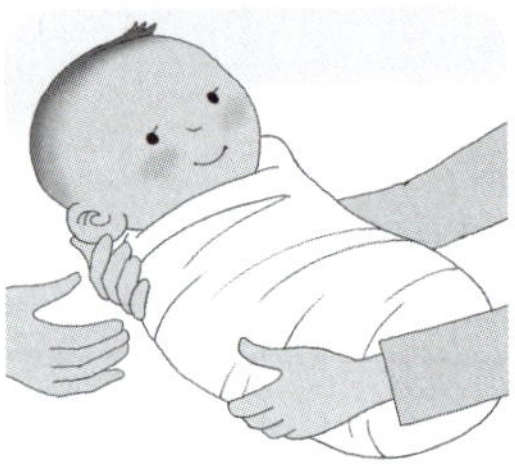

2) 

3) 

4) 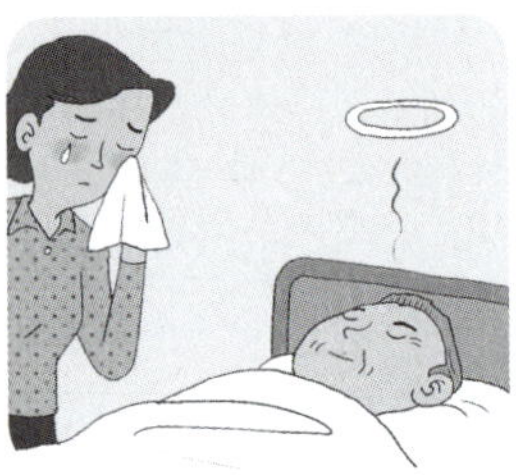

- ① 태어나다
- ② 어른이 되다
- ③ 죽다
- ④ 자라다
- ⑤ 나이가 들다

핵심 표현 Key Expression ❶ | A-아지다/어지다

1. 그림을 보고 보기 와 같이 문장을 만들어 보세요.

Look at the following pictures and write the correct words to complete the sentences as shown in the example.

보기

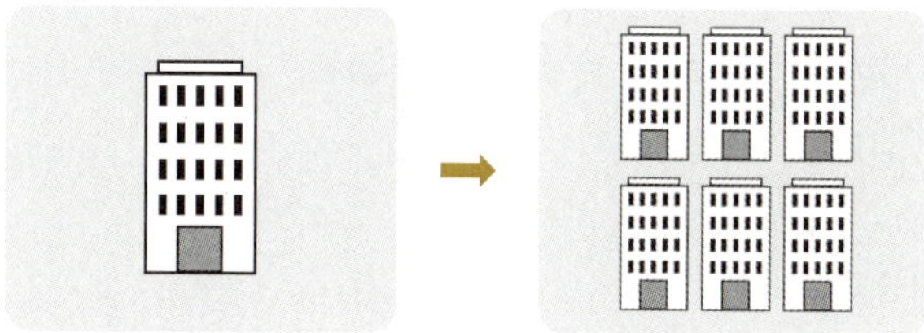

아파트가 <u>많아졌어요</u>.

1) 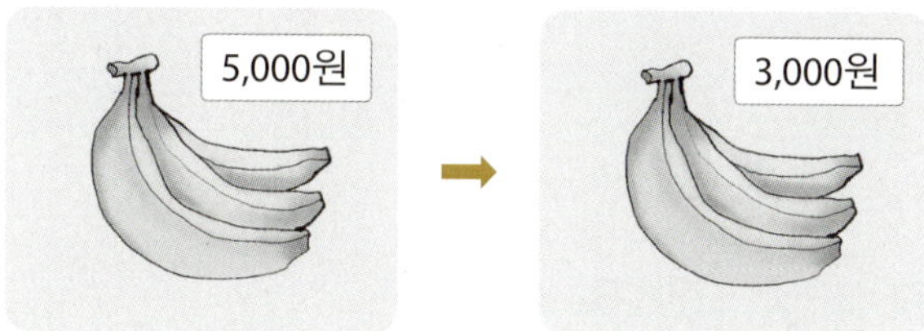

바나나가 ______________.

2) 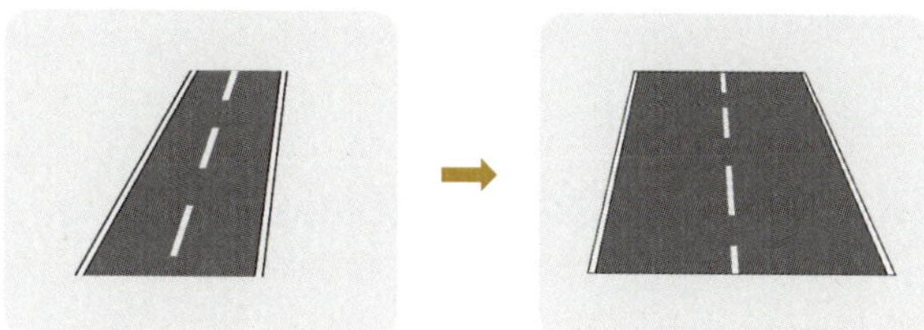

길이 ______________.

3) 

키가 ______________.

4) 

스티븐 씨가 ______________.

5) 

교실이 ______________.

핵심 표현 Key Expression ❷ | V-게 되다

1. 보기 와 같이 대화를 완성해 보세요.

Complete the dialogues as shown in the example.

> 보기
>
> A: 고향에 있을 때 한국 음식을 좋아했어요?
>
> B: 아니요, 한국에 와서 한국 음식을 좋아하게 됐어요.

1) A: 지난 학기에도 기숙사에 살았어요?

B: 아니요, 이번 학기부터 기숙사에 ______________________.

2) A: 고향에서도 집안일을 자주 했어요?

B: 아니요, 한국에 와서 혼자 살면서 집안일을 자주 ______________________.

3) A: 고향에 있을 때도 매운 음식을 잘 먹었어요?

B: 아니요, 한국에 와서 매운 음식을 잘 ______________________.

4) A: 어렸을 때부터 안경을 썼어요?

B: 아니요, 작년부터 갑자기 눈이 나빠져서 안경을 ______________________.

5) A: 고향에서도 대중교통을 많이 이용했어요?

B: 아니요, 한국에 와서 대중교통을 많이 ______________________.

6) A: 이번 주말에 여행 가요?

B: 아니요, 태풍 때문에 ______________________.

새 단어 New Vocabulary	대중교통 public transportation 태풍 typhoon

2과 대학교를 졸업한 후에 뭐 하고 싶어요?

What do you want to do after you graduate college?

어휘 Vocabulary

1. 알맞은 단어를 골라 대화를 완성해 보세요.

Choose the correct words to complete the dialogues.

늘다　　줄다　　변하다　　생기다　　발전하다

보기

A: 학교 앞이 많이 달라졌네요.

B: 네, 학교 앞에 가게가 많이 생겼어요.

1) A: 나뭇잎 색깔이 정말 예쁘네요.

B: 네, 가을이 돼서 나뭇잎 색깔이 빨갛게 ________ 았어요/었어요.

2) A: 한국어 실력이 많이 ________ 았네요/었네요.

B: 네, 요즘 매일 한국어 연습을 해서 잘하게 됐어요.

3) A: 요즘 시골에 문을 닫는 학교가 많아졌어요.

B: 시골 학교의 학생 수가 많이 ________ 아서/어서 그런 것 같아요.

4) A: 요즘 나오는 컴퓨터는 전보다 훨씬 가볍고 속도가 빨라졌어요.

B: 맞아요. 과학 기술이 정말 많이 ________ 았어요/었어요.

새 단어 New Vocabulary

나뭇잎 leaf　빨갛다 to be red　실력 skill　속도 speed　과학 기술 science technology

핵심 표현 Key Expression ❶ | V-기 전에

1. 어울리는 것끼리 연결하여 보기 와 같이 문장을 만들어 보세요.

Connect the phrases to form the sentences as shown in the example.

보기		휴대폰을 끄다 •	• 자다	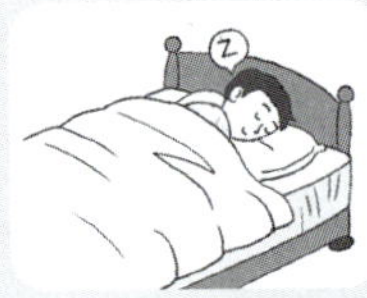
1)		청소하다 •	• 수영하다	
2)	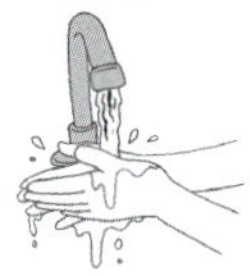	손을 씻다 •	• 손님이 오다	
3)		값을 확인하다 •	• 요리하다	
4)		불을 끄다 •	• 돈을 내다	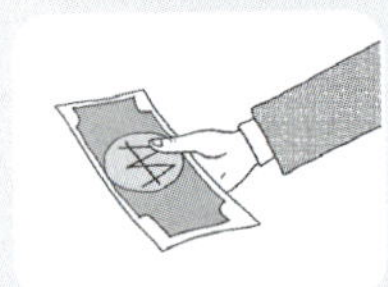
5)		준비운동을 하다 •	• 영화를 보다	

보기 영화를 보기 전에 휴대폰을 끄세요.

1) ________________________________.

2) ________________________________.

3) ________________________________.

4) ________________________________.

5) ________________________________.

핵심 표현 Key Expression ❷ | V-(으)ㄴ 후에

1. **그림을 보고 보기 와 같이 대화를 완성해 보세요.**

Look at the following pictures and complete the dialogues as shown in the example.

보기

A: 지금 도서관에 갈 거야?

B: 아니, 이따가 <u>수업 끝난 후에</u> 갈 거야.

1)

A: 미아 씨, 영화 먼저 볼까요? 밥 먼저 먹을까요?

B: 영화 먼저 __________ 밥 먹는 게 어때요?

2)

A: 엄마, 저 게임 해도 돼요?

B: 숙제 다 했어? ______________ 게임 해.

3)

A: 어제 오후에 뭐 했어요?

B: 백화점에서 ________________ 친구를 만나러 갔어요.

4)

A: 투이 씨는 대학원에 갈 거예요?

B: 아니요, 대학교 ______________ 회사에 취직할 거예요.

5)

A: 엄마, 저 이거 먹어도 되지요?

B: 응, 그런데 밖에 나갔다 왔으니까 손 ________ 먹어.

6)

A: 스티안 씨, 감기는 좀 어때요? 이제 괜찮아요?

B: 네, 감기약을 ________ 많이 좋아졌어요.

새 단어 New Vocabulary | 나갔다 오다 to leave and come back

종합 연습 Comprehensive Exercises

1. 공통으로 들어갈 수 있는 단어를 연결하고 문장을 완성해 보세요.

Complete the sentences by connecting the word that goes in the blank for both sentences.

1) 들다 • • ①
- 날씨가 추워져서 감기에 ________았어요/었어요.
- 학교에서 집까지 30분쯤 ________아요/어요.

2) 되다 • • ②
- 이 옷이 마음에 ________아요/어요.
- 나이가 ________(으)면 시골에서 살고 싶어요.

3) 나다 • • ③
- 빨리 어른이 ________고 싶어요.
- 여기에서 담배를 피우면 안 ________아요/어요.

4) 걸리다 • • ④
- 열이 ________아서/어서 약을 먹었어요.
- 친구가 약속을 안 지켜서 화가 ________았어요/었어요.

2. 알맞은 단어를 골라 보기 와 같이 대화를 완성해 보세요.

Choose the correct words to complete the dialogues as shown in the example.

자라다 태어나다 취직하다 입학하다

보기
A: 고향이 어디예요?
B: 서울이에요. 저는 서울 신림동에서 자랐어요.

1) A: 생일이 언제예요?
B: 3월 10일에 ________았어요/었어요.

2) A: 몇 살이 되면 초등학교에 ________아요/어요?
B: 보통 8살에 초등학교에 가요.

3) A: 민수 씨는 언제 이 회사에 ________았어요/었어요?
B: 작년에요. 작년부터 이 회사에 다녔어요.

3. 김민수 씨의 가족 사진입니다. 30년 사이에 어떻게 변했는지 보기 와 같이 문장을 만들어 보세요. This is a picture of Minsu Kim's family. As shown in the example, write sentences indicating how things have changed over the last 30 years.

생기다 줄다 늘다 변하다 나이가 들다 어른이 되다

보기 민수 씨의 가족이 많이 늘었어요.

- ______________________________.
- ______________________________.
- ______________________________.
- ______________________________.
- ______________________________.

4. **그림을 보고 이야기를 만들어 보세요.**

Look at the following pictures and create a story using the grammar points.

-게 되다 　 -아지다/어지다 　 -기 전에 　 -(으)ㄴ 후에

마이클은 혼자 살고 있었어요. 그래서 마이클은 가끔 외롭고 심심했어요.

비가 오는 날, 마이클은 길을 가다가 강아지를 한 마리 봤어요.

1) ________________________________

____

2) ________________________________

____

3) ____________________

____

4) ____________________

____

5) ____________________

____

6) ____________________

____

1과 가족처럼 지내는 친구들이 있어서 괜찮아요

It's okay because I have friends who are like family

어휘 Vocabulary

1. 알맞은 단어를 골라 보기 와 같이 대화를 완성해 보세요.

Choose the correct words to complete the dialogues as shown in the example.

(추석) 명절 차례 성묘 윷놀이 설날

보기

A: 이번 추석에 뭐 해요?

B: 고향에 가서 친척들을 만나요.

1) A: ___________ 은/는 음력 1월 1일이지요?

B: 네, 맞아요. 올해는 양력으로 2월 10일이네요.

2) A: 크리스마스에 한 달이나 쉬어요?

B: 네, 크리스마스는 우리나라의 가장 큰 ___________ 이에요/예요.

3) A: 지우 씨 집에서도 ___________ 을/를 지내요?

B: 네, 아침 일찍 지내니까 전날 미리 음식을 준비해야 해요.

4) A: 주말에 뭐 했어요?

B: 시골에 있는 할아버지 산소에 ___________ 을/를 갔어요.

5) A: 친구들과 ___________ 을/를 했는데 아주 재미있었어요.

B: 와, 그래요? 누가 이겼어요?

새 단어 New Vocabulary: 산소 grave 이기다 to win

핵심 표현 Key Expression ❶ | N처럼

1. 알맞은 것끼리 연결하여 보기 와 같이 문장을 만들어 보세요.

Connect the noun to its related adjective to complete the sentences as shown in the example.

보기	가족 •	• 무섭다
1)	그림 •	• 친하다
2)	호랑이 •	• 덥다
3)	여름 •	• 아름답다

보기 우리 어머니는 옆집 아주머니와 가족처럼 친해요.

1) 제주도 바다는 ________________.

2) 우리 선생님은 ________________.

3) 요즘 봄인데 ________________.

2. 알맞은 단어를 골라 보기 와 같이 문장을 만들어 보세요.

Choose the correct words to complete the sentences as shown in the example.

한국 사람 새것 엄마가 만든 것 이 사진 운동화

보기 에밀리 씨는 한국 사람처럼 한국말을 잘해요.

1) 중고 컴퓨터를 샀어요. 중고지만 ________________ 깨끗하고 좋아요.

2) 머리를 자르고 싶은데요. ________________ 잘라 주세요.

3) 우리 언니는 요리를 아주 잘해요. 언니가 만든 음식은 ________________ 맛있어요.

4) 이 구두는 굽이 낮아서 ________________ 편해요.

새 단어 New Vocabulary
호랑이 tiger 옆집 next door neighbor 중고 used article 굽 heel

핵심 표현 Key Expression ❷ | A/V-겠-

1. 그림을 보고 보기 와 같이 대화를 완성해 보세요.

Look at the following pictures and write the correct words to complete the dialogues as shown in the example.

보기

A: 친구들과 전주로 여행 가려고 해요.

B: 그래요? 재미있겠어요.

1)

A: 이번 수영 대회에서 1등을 했어요.

B: 와, ______________________.

2)

A: 이번 한국어 시험에서 좋은 점수를 받았어요.

B: 축하해요. ______________________.

3)

A: 오늘 네 시간 동안 회의를 해야 해요.

B: 그래요? ______________________.

4)

A: 부모님 드리려고 선물을 샀어요.

B: 부모님이 정말 ______________________.

5)

A: 지난 주말에 친구들과 놀이공원에 갔다 왔어요.

B: 그래요? ______________________.

6)

A: 어제 친구를 한 시간이나 기다렸어요.

B: ______________________.

2과 설날에는 떡국을 먹는다

We eat tteokguk on Lunar New Year's Day

어휘 Vocabulary

1. 그림을 보고 알맞은 것을 연결하세요.

Connect the picture to the correct description.

1)	 •	• ① 세배를 하다
2)	 •	• ② 세뱃돈을 받다
3)	 •	• ③ 떡국을 먹다
4)	 •	• ④ 보름달을 구경하다
5)	 •	• ⑤ 송편을 먹다

핵심 표현 Key Expression ❶ | A-다, V-ㄴ다/는다, N(이)다

1. 보기 와 같이 쓰세요. Fill in the table with the correct form of each word as shown in the example.

	A-다		A-다
비싸다	보기 비싸다	작다	보기 작다
크다		쉽다	
예쁘다		좋다	

	V-ㄴ다		V-는다
가다	보기 간다	읽다	보기 읽는다
오다		먹다	
쓰다		듣다	
기다리다		찾다	
공부하다		입다	

2. 보기 와 같이 문장을 만들어 보세요. Change the form of the sentences as shown in the example.

보기
이 책은 좀 비싸요. ➡ 이 책은 좀 비싸다.

1) 이 음식이 맛있어요. ➡ ______________________.

2) 길이 아주 복잡해요. ➡ ______________________.

3) 날씨가 정말 더워요. ➡ ______________________.

4) 오늘 학교에 안 가요. ➡ ______________________.

5) 동생은 방에서 책을 읽어요. ➡ ______________________.

6) 저는 한국 음악을 자주 들어요. ➡ ______________________.

7) 저는 서울에 살아요. ➡ ______________________.

3. 보기 와 같이 문장을 만들어 보세요. Change the form of the sentences as shown in the example.

보기		
지금은 퇴근 시간이에요.	➡	지금은 퇴근 시간이다.

1) 이번 주 일요일까지 휴가예요. ➡ ______________________.

2) 오늘은 일요일이 아니에요. ➡ ______________________.

3) 제 고향은 서울이에요. ➡ ______________________.

4) 저는 회사원이에요. ➡ ______________________.

5) 제 동생은 대학생이 아니에요. ➡ ______________________.

4. 보기 와 같이 문장을 만들어 보세요. Change the form of the sentences as shown in the example.

보기		
오늘은 별로 덥지 않아요.	➡	오늘은 별로 덥지 않다.

1) 토요일에는 학교에 가지 않아요. ➡ ______________________.

2) 저는 고기를 먹지 않아요. ➡ ______________________.

3) 교실이 크지 않아요. ➡ ______________________.

4) 할인을 해서 옷이 비싸지 않아요. ➡ ______________________.

5) 이번 방학에는 고향에 가야 해요. ➡ ______________________.

6) 지갑을 잃어버린 것 같아요. ➡ ______________________.

7) 밖에 비가 오는 것 같아요. ➡ ______________________.

8) 집에서 쉬고 싶어요. ➡ ______________________.

9) 고향 친구를 만나고 싶어요. ➡ ______________________.

10) 여기에 주차하면 안 돼요. ➡ ______________________.

핵심 표현 Key Expression ❷ | A/V-았다/었다, V-(으)ㄹ 것이다

1. 보기 와 같이 문장을 만들어 보세요. Change the form of the sentences as shown in the example.

보기
어제 명동에 갔어요. ➡ 어제 명동에 갔다.

1) 아침에 빵을 먹었어요. ➡ 아침에 빵을 ________________.
2) 어제 회사에 늦었어요. ➡ 어제 회사에 ________________.
3) 지난주에 고향에 다녀왔어요. ➡ 지난주에 고향에 ________________.
4) 작년에는 과일값이 아주 비쌌어요. ➡ 작년에는 과일값이 아주 __________.
5) 우리 고향은 많이 발전했어요. ➡ 우리 고향은 많이 ________________.
6) 저는 한 시간이나 친구를 기다렸어요. ➡ 나는 한 시간이나 친구를 __________.
7) 저는 신림동에서 자랐어요. ➡ ________________________.

2. 보기 와 같이 문장을 만들어 보세요. Change the form of the sentences as shown in the example.

보기
곧 회의를 시작할 거예요. ➡ 곧 회의를 시작할 것이다.

1) 내일 학교 근처로 이사할 거예요. ➡ 내일 학교 근처로 ________________.
2) 내일 9시에 콘서트를 할 거예요. ➡ 내일 9시에 콘서트를 ________________.
3) 퇴근 시간에는 길이 막힐 거예요. ➡ 퇴근 시간에는 길이 ________________.
4) 내년에는 과일값이 많이 비싸질 거예요. ➡ 내년에는 과일값이 많이 __________.
5) 과학 기술이 많이 발전할 거예요. ➡ 과학 기술이 많이 ________________.
6) 다음 달부터 택시 요금이 오를 거예요. ➡ 다음 달부터 택시 요금이 __________.
7) 저는 내년에 대학에 입학할 거예요. ➡ ________________________.

새 단어 New Vocabulary
다녀오다 to go and come back

종합 연습 Comprehensive Exercises

1. 단어를 찾아 퍼즐을 풀어 보세요. 동사나 형용사는 보기 와 같이 '–다' 형태로 쓰세요.

Use the vocabulary words to figure out the crossword puzzle. Write verbs and adjectives using the ending form '–다' like in the example.

가로 horizontal ➡

고등학교
동갑
설날
송별회
집들이
추석
회비
다양하다
변하다
생기다
줄다

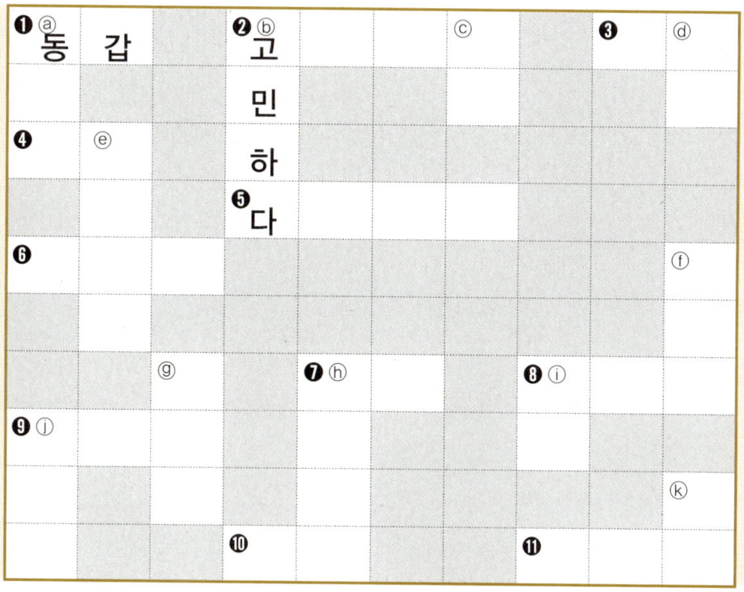

세로 vertical ⬇

교실
날짜
동창회
송편
집안일
환영회
고민하다
늘다
모이다
비슷하다
추천하다

가로 ➡

❶ 보기 동갑은/는 나이가 같은 사람을 말한다.

❷ ________은/는 중학교를 졸업한 후에 입학하는 학교다.

❸ ________은/는 음력 1월 1일이다.

❹ 우리 모임의 ________은/는 한 달에 만 원이다.

❺ 이 식당은 메뉴가 ________아서/어서 먹고 싶은 음식을 골라서 먹을 수 있다.

❻ 가을이 되면 나뭇잎의 색깔이 ________다.

❼ 한국의 ________은/는 음력 8월 15일이다.

❽ 이번 주 토요일에 마이클 씨가 고향으로 돌아가서 ________을/를 한다.

❾ ____________은/는 새로 이사한 집으로 친구를 초대하는 것이다.

❿ 요즘 시골에서는 학생 수가 ________고 있다.

⓫ 우리 집 근처에 큰 병원이 새로 ________았다/었다.

세로 ⬇

ⓐ ________은/는 같은 학교를 다닌 사람들이 모여서 즐거운 시간을 보내는 모임이다.

ⓑ 대학교를 결정하지 못해서 보기 고민하고 있다.

ⓒ ________은/는 학생들이 공부하는 장소다.

ⓓ 다음 모임의 ________은/는 7월 16일이다.

ⓔ 오렌지와 귤은 색깔이 ________다.

ⓕ 대학교에 입학하면 신입생 ________에 참석해서 선배들을 만나고 친구들을 사귄다.

ⓖ 가족들이 모두 ________아서/어서 즐거운 시간을 보냈다.

ⓗ 친구가 재미있는 영화를 ________아/어 줬다.

ⓘ ________은/는 추석에 먹는 한국 전통 음식이다.

ⓙ 나는 청소나 빨래 같은 ________을/를 싫어한다.

ⓚ 열심히 공부해서 한국어 실력이 ________았다/었다.

새 단어 New Vocabulary 결정하다 to decide 참석하다 to attend

2. 한국의 명절과 관계있는 단어에 표시해 보세요.

Put a check mark on the words that are related to Korean holidays.

추석	송편	아르바이트	비빔밥
취미	동아리	윷놀이	입학
배낭여행	세뱃돈	차례	떡국
세배	졸업	산책	신입생 환영회
동창	집들이	선배	동갑

3. 알맞은 것을 고르세요. Choose the correct answer.

1) 저는 기욤 씨(처럼 / 같은) 사람과 결혼하고 싶어요.

2) 이 음식은 우리 고향 음식(처럼 / 같은) 맛있어요.

3) 오늘은 어제(처럼 / 같은) 덥지 않아요. 좀 시원해졌어요.

4) 저는 딸에게 친구(처럼 / 같은) 엄마가 되고 싶어요.

5) 이 커피는 약(처럼 / 같은) 써요. 설탕이나 우유 좀 주세요.

새 단어 New Vocabulary	설탕 sugar

4. 다음 뉴스를 읽고 아래 신문기사를 완성해 보세요.

Read the TV news script and complete the following news article.

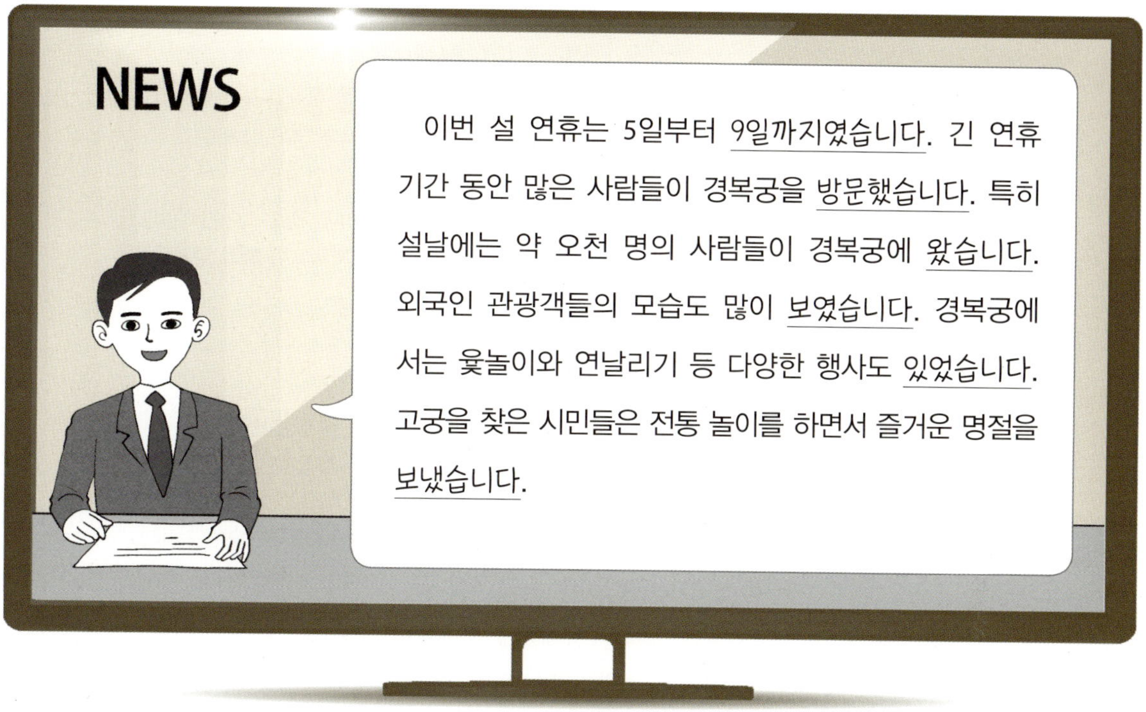

내 일 신 문

"설 연휴 경복궁 관광객 많아져"

이번 설 연휴는 5일부터 1)__________. 긴 연휴 기간 동안 많은 사람들이 경복궁을 2)__________. 특히 설날에는 약 오천 명의 사람들이 경복궁에 3)__________. 외국인 관광객들의 모습도 많이 4)__________. 경복궁에서는 윷놀이와 연날리기 등 다양한 행사도 5)__________. 고궁을 찾은 시민들은 전통 놀이를 하면서 즐거운 명절을 6)__________.

새 단어 New Vocabulary 방문하다 to visit 약 approximately 관광객 tourist 연날리기 kite-flying 행사 event 시민 citizen

모범 답안 Answer Key

1단원 | 계획 Plans

1과 방학 동안 뭐 할 거예요?

What are you going to do during school break?

어휘 p. 10

1. 1) 달 2) 주일, 개월, 년
2. 1) 기간 2) 알아보세요 3) 계획을 세웠어요 4) 시간

핵심 표현 1 p. 11

1. 1) 십 분 동안 2) 두 시간 동안 3) 이틀 동안
   4) 일주일 동안 5) 육 개월(여섯 달, 반 년) 동안
   6) 이 년 동안

핵심 표현 2 p. 12

1. 1) 택시를 타는 게 어때요
   2) 한강 공원에 가는 게 어때요
   3) 인삼차를 마시는 게 어때요
   4) 탁구를 치는 게 어때요
   5) 김밥을 만드는 게 어때요

2과 제가 예약할게요

I'll make a reservation

어휘 p. 13

1. 1) 출발해서 2) 도착했어요
2. 1) 떠나요 2) 일정을 짜고 3) 돌아올 거예요

핵심 표현 1 p. 14

1. 1) 길이 복잡하니까 지하철을 탈까요
   2) 아이가 있으니까 담배를 피우지 마세요
   3) 오늘은 좀 바쁘니까 내일 만날까요
   4) 길이 미끄러우니까 뛰지 마세요
   5) 감기에 걸렸으니까 집에서 쉬세요
   6) 눈이 많이 왔으니까 운전하지 마세요
   7) 공부해야 되니까 떠들지 마세요

핵심 표현 2 p. 15

1. 1) 제가 노래를 할게요 2) 제가 기차표를 예매할게요
   3) 제가 음료수를 준비할게요
   4) 제가 음식을 만들게요
2. 1) 열심히 공부할게요 2) 연락할게요
   3) 많이 읽을게요 4) 들어 볼게요

종합 연습 p. 16

1. 1) ② 2) ① 3) ③
2. 1) 삼 개월 동안 살았어요.
   2) 네, 제가 기차표를 알아볼게요.
   3) 제가 인터넷으로 예매할게요.
   4) 지하철역 앞에서 만나는 게 어때요?
3. 1) 전화할게요 2) 먹어 보세요 3) 빌려 주세요
4. 1) 만나서 2) 없으니까 3) 도와주셔서 4) 늦어서
   5) 배고프니까 6) 바쁘니까 7) 도서관이니까
5. 1) 인천에서 출발해요 2) 2020년 3월 10일에 떠나요
   3) 12시에 도착해요 4) 15만 원이에요
   5) 두 시간 동안 타야 돼요
6. (1) – (4) – (6) – (7) – (3) – (2) – (5)
   A: 방학 동안 뭘 했어요?
   B: 일주일 동안 제주도에 갔다 왔어요.
   A: 제주도에서 뭘 했어요?
   B: 한라산에도 가고 말도 탔어요.
   A: 말을 탔어요? 무섭지 않았어요?
   B: 네, 재미있으니까 유카 씨도 한번 타 보세요.
   A: 네, 저도 제주도에 가면 타 볼게요.

2단원 | 문의 Inquiry

1과 기숙사로 이사하려고 해요

I'm planning on moving to a dormitory

어휘 p. 20

1. 1) 교통이 편리해요 2) 월세가 비싸요
   3) 시설이 좋아요 4) 인터넷이 돼요

핵심 표현 1

p. 21

1. 1) 영화를 보려고 해요 2) 책을 읽으려고 해요
   3) 중국어 수업을 들으려고 해요
   4) 고향 음식을 만들려고 해요
2. 1) 모임에 가려고 했어요 2) 청소를 하려고 했어요
   3) 아침을 먹으려고 했어요 4) 전화하려고 했어요

핵심 표현 2

p. 22

1. 1) 다쿠야 씨는 유카 씨한테 커피를 사 줬어요
   2) 민준 씨는 에밀리 씨한테 한국어를 가르쳐 줬어요
   3) 어머니는 저한테 김밥을 만들어 주셨어요
   4) 지우 씨는 할머니께 자리를 양보해 드렸어요
2. 1) 빌려 주실 수 있어요/빌려 드릴게요
   2) 닫아 주실 수 있어요/닫아 드릴게요
   3) 들어 주실 수 있어요/들어 드릴게요
   4) 도와주실 수 있어요/도와 드릴게요

2과 등록금을 언제까지 내야 되나요?

When do I have to pay tuition by?

어휘

p. 23

1. 1) 가입했어요 2) 문의해 3) 변경할
   4) 신청했어요 5) 취소했어요

핵심 표현 1

p. 24

1. 1) 이사를 네 번이나 했어요
   2) 개가 여섯 마리나 있어요
   3) 게임을 매일 세 시간이나 해요
   4) 피자를 두 판이나 먹었어요
2. 1) 사 인분이나 먹었어요 2) 다섯 번이나 갔어요
   3) 두 시간이나 걸려요 4) 이십오 년이나 일하셨어요

핵심 표현 2

p. 25

1.

A-(으)ㄴ가요?		V-나요?	
크다	큰가요?	가다	가나요?
필요하다	필요한가요?	먹다	먹나요?
좋다	좋은가요?	공부하다	공부하나요?
작다	작은가요?	걷다	걷나요?
맵다	매운가요?	만들다	만드나요?
멀다	먼가요?	살다	사나요?

2. 1) 출발하나요 2) 필요한가요 3) 먼가요 4) 사나요
   5) 이사하고 싶은가요

종합 연습

p. 26

1. 1) 누구인가요 2) 얼마인가요 3) 무엇인가요
   4) 언제인가요 5) 어디인가요 6) 다니나요 7) 파나요
2. 1) 먹으면 안 돼요 2) 가려고 했어요 3) 칠 수 있어요
   4) 보내 주세요
3. 1) 만 2) 이나 3) 만 4) 이나 5) 만
4. 1) 아직 2) 나중에 3) 빨리 4) 혹시 5) 별로
5. 1) 만나서 2) 와 주셔서 3) 살아서 4) 가르쳐 줘어요
   5) 배워서

3단원 | 경험 Experiences

1과 노량진수산시장에 가 봤어요?

Have you been to Noryangjin Fish Market?

어휘

p. 30

1. 1) 봉사 활동을 했어요 2) 배낭여행을 했어요
   3) 홈스테이를 해요 4) 아르바이트를 해요
   5) 어학연수를 했어요

핵심 표현 1

p. 31

1. 1) 먹어 봤어요/먹어 봤어요
   2) 마셔 봤어요/마셔 봤어요
   3) 운전해 봤어요/운전 안 해 봤어요
   4) 읽어 봤어요/안 읽어 봤어요
   5) 만들어 봤어요/만들어 봤어요
   6) 들어 봤어요/들어 봤어요

핵심 표현 2

p. 32

1.

V-ㄴ 적이 있다/없다		V-은 적이 있다/없다	
가다	간 적이 있어요	읽다	읽은 적이 있어요
만나다	만난 적이 있어요	받다	받은 적이 있어요
마시다	마신 적이 있어요	입다	입은 적이 있어요
배우다	배운 적이 있어요	먹다	먹은 적이 있어요
여행하다	여행한 적이 있어요	듣다	들은 적이 있어요

2. 1) 한국어로 꿈을 꾼 적이 있어요, 한국어로 꿈을 꾼 적이 있어요
   2) 짝사랑을 한 적이 있어요, 짝사랑을 한 적이 있어요
   3) 휴대폰을 잃어버린 적이 있어요, 휴대폰을 잃어버린 적이 없어요
   4) 영화를 보고 운 적이 있어요, 영화를 보고 운 적이 없어요

2과 뮤지컬을 봤는데 정말 재미있었어요

I saw a musical and it was really fun

어휘 p. 33

1. 1) 콘서트를 봤어요 2) 전시회에 가요
   3) 연극을 봤어요

핵심 표현 1 p. 34

1. 1) 다리를 다쳤을 때 2) 눈이 많이 왔을 때
   3) 집에 돌아왔을 때 4) 대학에 합격했을 때
   5) 어렸을 때 6) 아팠을 때

핵심 표현 2 p. 35

1.

A-(으)ㄴ데		V-는데	
크다	큰데	가다	가는데
친절하다	친절한데	먹다	먹는데
작다	작은데	공부하다	공부하는데
춥다	추운데	걷다	걷는데
맛있다	맛있는데	듣다	듣는데

2. 1) 명동에 갔는데 사람이 많았어요
   2) 영화표가 있는데 같이 볼까요
   3) 이 옷이 너무 비싼데 사지 마세요
   4) 날씨가 추운데 차 한 잔 마실까요
   5) 이 음식이 맛있는데 한번 먹어 보세요
   6) 이 사람은 제 친구인데 캐나다에서 왔어요

종합 연습 p. 36

1.

❶가	ⓐ입	하	다		❷언	ⓑ어	교	육	원
	학					학			
	하					연			
❸짜	다		ⓒ식			❹수	산	시	ⓓ장
		❺ⓔ감	사	하	다				학
❻분	ⓕ위	기							금
	치		ⓖ문			❼ⓗ지	하	철	
			❽의	사		우			ⓘ비
	ⓙ장		하			❾개	ⓚ월		싸
❿취	소	하	다				⓫세	우	다

2. 1) 경복궁에 가 봤어요, 가 본 적이 있어요
   2) 남산에 올라가 봤어요, 올라가 본 적이 있어요
   3) 아르바이트를 해 봤어요, 해 본 적이 있어요
   4) 닭갈비를 먹어 봤어요, 먹어 본 적이 있어요

3. (3) - (6) - (2) - (4) - (5) - (1)
   A: 부산에 가 봤어요?
   B: 네, 가 본 적이 있어요.
   A: 언제 가 봤어요?
   B: 친구가 한국에 왔을 때 가 봤어요.
   A: 거기에서 뭐 먹었어요?
   B: 생선회를 처음 먹어 봤는데 맛있었어요.

4. 1) 맛있는데 2) 탔는데 3) 있어서 4) 봤는데
   5) 아파서 6) 좋은데 7) 있는데 8) 바빠서 9) 좋아서

4단원 | 취업 Employment

1과 컴퓨터 회사에서 일한 적이 있습니다

I've worked at a computer company

어휘 p. 40

1. 1) 면접 2) 합격 3) 지원 4) 이력서

핵심 표현 1
p. 41

1.

A/V – ㅂ니다		A/V – 습니다	
크다	큽니다	작다	작습니다
예쁘다	예쁩니다	좋다	좋습니다
복잡하다	복잡합니다	있다	있습니다
가다	갑니다	먹다	먹습니다
보다	봅니다	읽다	읽습니다
배우다	배웁니다	듣다	듣습니다
공부하다	공부합니다	걷다	걷습니다

2. 1) 시작합니까, 시작합니다 2) 있습니까, 있습니다
   3) 일하고 싶습니까, 일하고 싶습니다
   4) 삽니까, 삽니다

핵심 표현 2
p. 42

1. 1) 쓴 2) 먹은 3) 찍은 4) 만든
2. 1) 아침에 마신 커피가 맛있었어요
   2) 고향으로 돌아간 친구가 보고 싶어요
   3) 어제 읽은 책이 어려웠어요
   4) 생일에 받은 선물이 마음에 들었어요
   5) 조금 전에 라디오에서 들은 노래가 정말 좋았어요

2과 지금 다니는 회사보다 연봉이 많아요
The salary is higher than my current job

어휘
p. 43

1. 1) 휴가 2) 근무 시간 3) 연봉 4) 출장
2. 1) ② 2) ③ 3) ①

핵심 표현 1
p. 44

1. 1) 누나보다 동생이 더 커요
   2) 편지보다 이메일이 더 편해요
   3) 서울보다 대구가 더 더워요
   4) 콜라보다 녹차가 더 좋아요
2. 1) 사진보다 2) 계획보다 3) 전보다

핵심 표현 2
p. 45

1. 1) 칠 줄 알아요 2) 탈 줄 알아요 3) 할 줄 몰라요
   4) 읽을 줄 몰라요 5) 만들 줄 알아요

종합 연습
p. 46

1. 1) 왔어요 2) 왔어요 3) 살았어요 4) 뭐예요
   5) 이에요 6) 공부해요
   a) 반갑습니다 b) 반갑습니다 c) 왔습니까
   d) 왔습니다 e) 살았습니다 f) 무엇입니까 g) 입니다
   h) 공부합니까 i) 공부합니다 j) 재미있습니다
2. 1) 본 2) 산 3) 마시는 4) 먹은 5) 간 6) 좋아하는
3. 1) 찍은 2) 입은 3) 쓴 4) 신은 5) 한
4. (2) – (1) – (3) – (4) – (6) – (5)
   A: 지우 씨, 저 좀 도와줄 수 있어요?
   B: 네, 무슨 일이에요?
   A: 자기소개서를 써 본 적이 있지요?
   B: 네, 써 봤어요.
   A: 제가 지금 자기소개서를 쓰고 있는데 생각보다 어려워서요. 좀 도와주세요.
   B: 좋아요. 한번 보여 주세요.
5. 1) 어떤 2) 무슨 3) 어떻게 4) 누가

5단원 | 건강 Health

1과 건강에 관심이 많네요
You're very interested in health

어휘
p. 50

1. 1) 스트레스를 풀어요 2) 골고루 먹어야 돼요
   3) 건강/몸에 좋은 4) 즐겁게 생활하고

핵심 표현 1
p. 51

1. 1) 따뜻하게 2) 맛있게 3) 신나게 4) 친절하게
2. 1) 재미있게 2) 크게 3) 늦게 4) 짧게

핵심 표현 2
p. 52

1. 1) 많네요 2) 아름답네요 3) 크네요 4) 추네요
   5) 막히네요 6) 왔네요 7) 귀여웠네요

2과 몸살이 난 것 같아요

I feel like I'm aching all over

어휘 p. 53

1. 1) ① 2) ④ 3) ⑤ 4) ② 5) ⑥

핵심 표현 1 p. 54

1.

	V-(으)ㄴ 것 같다	V-는 것 같다	V-(으)ㄹ 것 같다
가다	간 것 같아요	가는 것 같아요	갈 것 같아요
배우다	배운 것 같아요	배우는 것 같아요	배울 것 같아요
공부하다	공부한 것 같아요	공부하는 것 같아요	공부할 것 같아요
먹다	먹은 것 같아요	먹는 것 같아요	먹을 것 같아요
읽다	읽은 것 같아요	읽는 것 같아요	읽을 것 같아요
걷다	걸은 것 같아요	걷는 것 같아요	걸을 것 같아요
듣다	들은 것 같아요	듣는 것 같아요	들을 것 같아요
알다	안 것 같아요	아는 것 같아요	알 것 같아요
만들다	만든 것 같아요	만드는 것 같아요	만들 것 같아요

2. 1) 공부한 것 같아요 2) 간 것 같아요
   3) 배운 것 같아요 4) 일어난 것 같아요
3. 1) 좋아하는 것 같아요 2) 듣는 것 같아요
   3) 요리하는 것 같아요 4) 아는 것 같아요
4. 1) 늦을 것 같아요 2) 읽을 것 같아요
   3) 잘 것 같아요 4) 올 것 같아요

핵심 표현 2 p. 56

1.

	A-(으)ㄴ 것 같다	A-(으)ㄹ 것 같다
크다	큰 것 같아요	클 것 같아요
아프다	아픈 것 같아요	아플 것 같아요
복잡하다	복잡한 것 같아요	복잡할 것 같아요
작다	작은 것 같아요	작을 것 같아요
좋다	좋은 것 같아요	좋을 것 같아요
춥다	추운 것 같아요	추울 것 같아요
맛있다	맛있는 것 같아요	맛있을 것 같아요
재미없다	재미없는 것 같아요	재미없을 것 같아요

2. 1) 아픈 것 같아요 2) 작은 것 같아요
   3) 쉬운 것 같아요
3. 1) 빠를 것 같아요 2) 맑을 것 같아요
   3) 짤 것 같아요 4) 비쌀 것 같아요
   5) 편할 것 같아요 6) 많을 것 같아요

종합 연습 p. 58

1. 1) ③, 와요, 왔어요 2) ①, 나요, 났어요
   3) ②, 지키는, 지켜요
2. 1) 싸게 2) 똑똑한, 어떤 3) 예쁘게
   4) 무서운, 재미있는 5) 짧은
3. 1) 멀리 2) 빨리 3) 열심히 4) 천천히 5) 깨끗이
4. 1) 간 2) 공부할 3) 청소한 4) 좋아하는
   5) 잔 6) 하는
5. • 라면을 먹은 것 같아요.
   • 선물을 받은 것 같아요.
   • 여자인 것 같아요.
   • 서울대학교 학생인 것 같아요.
   • 한국어를 공부하는 것 같아요.
   • 태권도를 배우는 것 같아요.
   • 한국 노래를 좋아하는 것 같아요.
   • 4월 3일에 콘서트에 갈 것 같아요.

6단원 | 고장 Broken

1과 노트북 화면이 안 나와요

My laptop screen won't turn on

어휘 p. 62

1. 1) ① 2) ③ 3) ⑤ 4) ⑥ 5) ④

핵심 표현 1 p. 63

1. 1) 가다가 2) 다니다가 3) 살다가 4) 읽다가
   5) 보다가 6) 오다가

핵심 표현 2 p. 64

1. 1) 눈 때문에 출발 못 해요
   2) 휴대폰 때문에 가요
   3) 회의 준비 때문에 못 했어요
   4) 아르바이트 때문에 못 갔어요
   5) 비 때문에 못 갔어요
   6) 동생 때문에 화가 났어요

2과 세탁기가 고장 나서 전화 드렸어요
I called because my washing machine is broken

어휘
p. 65

1. 1) 전원을 끄세요 2) 전원을 켜세요
   3) 버튼을 눌렀어요
2. 1) 고장이 났어요 2) 수리 기사 3) 수리했어요
   4) 수리비

핵심 표현 1
p. 66

1. 1) 잘하는데 2) 재미있는데 3) 보는데 4) 추운데
2. 1) 좋아하는데 2) 바빴는데 3) 만들 줄 아는데

핵심 표현 2
p. 67

1. 1) 볼 2) 신을 3) 갈 4) 읽을 5) 드릴 6) 만들

종합 연습
p. 68

1.

❶알	ⓐ아	보	다		ⓑ맡		❷ⓒ고	치	다
	르			❸고	기		장		
	❹바	다			다			화	❺ⓓ면
	이		ⓔ홈						접
❻스	트	레	스				ⓕ합		
			테				격		
❼포	ⓖ도		이		ⓗ전		하		
	❽장	소		❾ⓘ지	원	하	다		ⓙ회
				키				❿ⓚ이	사
	⓫출	발	하	다				틀	

2. 1) ③, 켰어요, 켜 주세요 2) ②, 끄세요, 꺼야 해요
   3) ④, 나와요, 나와요 4) ①, 나서, 나요
3. 1) ③ 2) ⑥ 3) ① 4) ④
4. 1) 볼 2) 먹는 3) 빌린 4) 만날 5) 받은
5. 1) 그래서 2) 그리고 3) 그런데 4) 그래서 5) 그런데
6. (2) - (4) - (6) - (1) - (5) - (3)
   A: 뭘 도와 드릴까요?
   B: 지난주에 맡긴 노트북을 찾으러 왔는데요.
   A: 성함을 말씀해 주시면 확인해 드리겠습니다.
   B: 기욤입니다. 여기 맡겼을 때 받은 접수증도 있어요.
   A: 네, 수리가 다 되었으니까 확인해 보세요.
   B: 이제 잘 되네요. 감사합니다.

7단원 | 모임 Gatherings

1과 금요일에 신입생 환영회에 갈 거예요?
Are you going to the freshmen welcome party on Friday?

어휘
p. 72

1. 1) ② 2) ⑤ 3) ① 4) ③
2. 1) 장소를 정했어요 2) 회비를 내요
   3) 날짜를 잡으려고 4) 모였어요

핵심 표현 1
p. 73

1.

A/V - ㄹ까요?		A/V - (으)ㄹ까요?	
크다	클까요?	작다	작을까요?
예쁘다	예쁠까요?	맛있다	맛있을까요?
비싸다	비쌀까요?	좋다	좋을까요?
빠르다	빠를까요?	덥다	더울까요?
복잡하다	복잡할까요?	어렵다	어려울까요?
가다	갈까요?	읽다	읽을까요?
오다	올까요?	듣다	들을까요?
공부하다	공부할까요?	걷다	걸을까요?

2. 1) 재미있을까요 2) 맛있을까요
   3) 열까요 4) 계실까요

핵심 표현 2
p. 74

1. 1) 많을까요, 많을 거예요
   2) 걸릴까요, 걸릴 거예요
   3) 끝날까요, 끝날 거예요
   4) 맛있을까요, 맛있을 거예요
   5) 추울까요, 추울 거예요
   6) 도착했을까요, 도착했을 거예요

2과 우리 같은 신입생이니까 말 놓을까요?

Since we're both freshmen, shall we speak casually?

어휘 p. 75

1. 1) 동갑 2) 선배 3) 후배
2. 1) 말을 놓다, 말을 놓으세요
   2) 높임말을 쓰다, 높임말을 쓰는
   3) 반말하다, 반말해도, 반말하면

핵심 표현 1 p. 76

1.

	A/V-아/어	A/V-았어/었어
비싸다	비싸	비쌌어
작다	작아	작았어
복잡하다	복잡해	복잡했어
쉽다	쉬워	쉬웠어
가다	가	갔어
오다	와	왔어
먹다	먹어	먹었어
공부하다	공부해	공부했어
쓰다	써	썼어
듣다	들어	들었어

2. 1) 요즘 날씨가 좀 더워 2) 한국어를 할 줄 알아
   3) 나는 매일 운동을 해 4) 작년에 한국에 왔어
   5) 어제 뭘 했어 6) 이 옷은 좀 비싸
   7) 생일이 언제야 8) 지하철에 사람이 정말 많아
   9) 추워서 문을 닫았어 10) 나는 학생이 아니야

핵심 표현 2 p. 77

1. 1) 만날 거야 2) 탈 거야 3) 배울 거야 4) 살 거야
2. 1) 열심히 공부해 2) 추우니까 따뜻하게 입어
   3) 여기에 이름을 써 4) 하루에 두 번 이 약을 먹어
   5) 여기에 앉지 마 6) 담배 피우지 마
   7) 노래를 크게 불러
3. 1) 갈까, 가자 2) 볼까, 보자 3) 먹을까, 먹자
   4) 탈까, 타자 5) 출발할까, 출발하자
   6) 마실까, 마시자 7) 놀까, 놀자

종합 연습 p. 79

1. 1) 네 2) 내가 3) 너는 4) 나한테
2. 1) 들으니까 2) 만든 3) 추울 4) 아파 5) 몰라
3. 1) 갈 거야? 2) 살 거예요?
   3) 추울까요? 4) 드실까요?
4. 1) 며칠이야 2) 뭐야 3) 어디야
5. 1) 없어요 2) 칠까요 3) 만날까요 4) 봐요
   a) 있어 b) 없어 c) 칠까 d) 만날까
   e) 만나자 f) 봐

8단원 | 변화 Change

1과 부산에서 살다가 서울로 오게 됐어

We were living in Busan and ended up moving to Seoul

어휘 p. 82

1. 1) ① 2) ④ 3) ⑤ 4) ③

핵심 표현 1 p. 83

1. 1) 싸졌어요 2) 넓어졌어요 3) 커졌어요
   4) 날씬해졌어요 5) 시원해졌어요

핵심 표현 2 p.84

1. 1) 살게 됐어요 2) 하게 됐어요 3) 먹게 됐어요
   4) 쓰게 됐어요 5) 이용하게 됐어요 6) 못 가게 됐어요

2과 대학교를 졸업한 후에 뭐 하고 싶어요?

What do you want to do after you graduate college?

어휘 p. 85

1. 1) 변했어요 2) 늘었네요 3) 줄어서 4) 발전했어요

핵심 표현 1 p. 86

1. 1) 손님이 오기 전에 청소하세요
   2) 요리하기 전에 손을 씻으세요
   3) 돈을 내기 전에 값을 확인하세요
   4) 자기 전에 불을 끄세요
   5) 수영하기 전에 준비 운동을 하세요

핵심 표현 2 p. 87

1. 1) 본 후에 2) 숙제한 후에 3) 쇼핑을 한 후에
   4) 졸업한 후에 5) 씻은 후에 6) 먹은 후에

종합 연습

p. 88

1. 1) ②, 들어요, 들면 2) ③, 되고, 돼요
   3) ④, 나서, 났어요 4) ①, 걸렸어요, 걸려요
2. 1) 태어났어요 2) 입학해요 3) 취직했어요
3. • 민수 씨는 어른이 됐어요
   • 민수 씨는 결혼을 해서 딸이 생겼어요
   • 어머니는 조금 뚱뚱해지셨어요
   • 2층 집에 살게 됐어요
   • 어머니와 아버지는 나이가 많이 드셨어요
4. 1) 마이클은 강아지와 같이 살게 되었어요. 강아지가 온 후에 생활이 많이 달라졌어요. 강아지의 이름은 몽이에요.
   2) 몽이는 산책을 하다가 갑자기 나무가 있는 쪽으로 뛰어갔어요. 마이클도 몽이를 따라 뛰어갔어요.
   3) 거기에는 어떤 여자와 귀여운 강아지가 있었어요. 강아지들이 친해져서 두 사람도 친해졌어요.
   4) 두 사람은 강아지들과 함께 자주 데이트를 했어요. 마이클과 여자는 사귀게 되었어요. 마이클은 전보다 자주 웃게 됐어요.
   5) 일 년이 지난 후에 두 사람은 결혼하게 됐어요. 강아지들도 두 사람의 결혼을 축하했어요.
   6) 두 사람이 결혼한 후에 아기가 태어났어요. 그리고 강아지도 많아졌어요.

9단원 | 명절 Holidays

1과 가족처럼 지내는 친구들이 있어서 괜찮아요

It's okay because I have friends who are like family

어휘

p. 92

1. 1) 설날 2) 명절 3) 차례 4) 성묘 5) 윷놀이

핵심 표현 1

p. 93

1. 1) 그림처럼 아름다워요 2) 호랑이처럼 무서워요
   3) 여름처럼 더워요
2. 1) 새 것처럼 2) 이 사진처럼 3) 엄마가 만든 것처럼
   4) 운동화처럼

핵심 표현 2

p. 94

1. 1) 좋겠어요 2) 기쁘겠어요 3) 힘들겠어요
   4) 좋아하시겠어요 5) 재미있었겠어요
   6) 화가 났겠어요

2과 설날에는 떡국을 먹는다

We eat tteokguk on Lunar New Year's Day

어휘

p. 95

1. 1) ② 2) ① 3) ④ 4) ⑤ 5) ③

핵심 표현 1

p. 96

1.

	A-다		A-다
비싸다	비싸다	작다	작다
크다	크다	쉽다	쉽다
예쁘다	예쁘다	좋다	좋다

	V-ㄴ다		V-는다
가다	간다	읽다	읽는다
오다	온다	먹다	먹는다
쓰다	쓴다	듣다	듣는다
기다리다	기다린다	찾다	찾는다
공부하다	공부한다	입다	입는다

2. 1) 이 음식이 맛있다
   2) 길이 아주 복잡하다
   3) 날씨가 정말 덥다
   4) 오늘 학교에 안 간다
   5) 동생은 방에서 책을 읽는다
   6) 나는 한국 음악을 자주 듣는다
   7) 나는 서울에 산다
3. 1) 이번 주 일요일까지 휴가다
   2) 오늘은 일요일이 아니다
   3) 내 고향은 서울이다
   4) 나는 회사원이다
   5) 내 동생은 대학생이 아니다
4. 1) 토요일에는 학교에 가지 않는다
   2) 나는 고기를 먹지 않는다
   3) 교실이 크지 않다
   4) 할인을 해서 옷이 비싸지 않다
   5) 이번 방학에는 고향에 가야 한다
   6) 지갑을 잃어버린 것 같다
   7) 밖에 비가 오는 것 같다
   8) 집에서 쉬고 싶다
   9) 고향 친구를 만나고 싶다
   10) 여기에 주차하면 안 된다

핵심 표현 2 p. 98

1. 1) 먹었다 2) 늦었다 3) 다녀왔다 4) 비쌌다
5) 발전했다 6) 기다렸다 7) 나는 신림동에서 자랐다

2. 1) 이사할 것이다 2) 할 것이다 3) 막힐 것이다
4) 비싸질 것이다 5) 발전할 것이다 6) 오를 것이다
7) 나는 내년에 대학에 입학할 것이다

종합 연습 p. 99

1.

❶ⓐ 동	갑		❷ⓑ 고	등	학	ⓒ 교		❸ 설	ⓓ 날
창			민			실			짜
❹ 회	ⓔ 비		하						
	숫		❺ 다	양	하	다			
❻ 변	하	다							ⓕ 환
	다								영
		ⓖ 모		❼ⓗ 추	석		❽ⓘ 송	별	회
❾ⓙ 집	들	이		천			편		
안		다		하					ⓚ 늘
일			❿ 줄	다			⓫ 생	기	다

2. 추석, 송편, 윷놀이, 세뱃돈, 차례, 떡국, 세배

3. 1) 같은 2) 처럼 3) 처럼 4) 같은 5) 처럼

4. 1) 9일까지였다 2) 방문했다 3) 왔다
4) 보였다 5) 있었다 6) 보냈다

책임 연구원 Senior Researcher

장은아 고려대학교 교육학과 박사
Jang Euna Ph.D. in Education Evaluation, Korea University
서울대학교 언어교육원 한국어교육센터 대우조교수
Seoul National University, LEI Assistant Professor

공동 연구원 Co-researcher

김민애 서울대학교 국어교육과 박사 수료
Kim Min Ae Ph.D. Candidate in Korean Language Education, Seoul National University
서울대학교 언어교육원 한국어교육센터 대우부교수
Seoul National University, LEI Associate Professor

이정화 이화여자대학교 국어국문학과 박사
Lee Jeonghwa Ph.D. in Korean Language and Literature, Ewha Womans University
서울대학교 언어교육원 한국어교육센터 대우조교수
Seoul National University, LEI Assistant Professor

집필진 Authors

이수정 한국외국어대학교 국어국문학과 박사
Lee Sujeong Ph.D. in Korean Language and Literature, Hankuk University of Foreign Studies
서울대학교 언어교육원 한국어교육센터 대우전임강사
Seoul National University, LEI Full-time Instructor

최유리 상명대학교 한국학과 박사
Choi Yoori Ph.D. in Korean Studies, Sangmyung University
서울대학교 언어교육원 한국어교육센터 대우전임강사
Seoul National University, LEI Full-time Instructor

이명희 부산대학교 국어국문학과 박사수료
Lee Myunghee Ph.D. Candidate in Korean Language & Literature, Pusan National University
서울대학교 언어교육원 한국어교육센터 대우전임강사
Seoul National University, LEI Full-time Instructor

번역 Translator

빌리 스트루블 중앙대학교 국제지역학과 석사
Billy Struble M.A. in International Studies, Chung-Ang University
중앙대학교 교양대학 조교수
Chung-Ang University, College of General Education, Assistant Professor of English

감수 Supervisor

이소영 이화여자대학교 교육공학과 박사
Lee So Young Ph.D. in Educational Technology, Ewha Womans University
서울대학교 언어교육원 한국어교육센터 대우전임강사
Seoul National University, LEI Full-time Instructor

도와주신 분들 Contributing Staff

일러스트 Illustration 윈일러스트 WINILLUSTRATIONS
녹음 Recording 미디어리더 Media Leader

사랑해요 한국어 3 Workbook
I Love Korean 3 Workbook

초판 1쇄 발행 2019년 5월 30일
초판 8쇄 발행 2025년 2월 25일

지은이 서울대학교 언어교육원

펴낸곳 서울대학교출판문화원
주소 08826 서울 관악구 관악로 1
도서주문 02-889-4424, 02-880-7995
홈페이지 www.snupress.com
페이스북 @snupress1947
인스타그램 @snupress
이메일 snubook@snu.ac.kr
출판등록 제15-3호

ISBN 978-89-521-2879-9 04710
978-89-521-2873-7 (세트)

Written by Language Education Institute, Seoul National University
Published by Seoul National University Press

09

CHAPTER 09

도장결함 및 도장용어

1 도장결함 및 도장용어 해설

가교제(cross linking agent)

열가소성 물질의 분자체와 화학적으로 반응하여 분자체를 상호 연결시키는 물질.

가사 시간(pot life, pot stability)

2액형 이상의 도료를 사용하기 위해 혼합했을 때 겔화, 경화 등이 일어나지 않고 사용하기에 적합하고, 유동성을 유지하고 있는 시간.

가드너 색수(gardner color standards, gardner color scale)

기름, 유성 바니쉬, 투명 락카 등에 대한 색의 농도(어둡기)를 표시하는 데에 사용하는 색 번호의 일종. 투명 도료와 색이 아주 닮은 염류수공 액의 농도를 바꿔서 색의 농도(어둡기)가 틀리는 색수 표준액을 만들어 각각 같은 지름의 유리관에 넣어서 번호를 붙여 1조로 한 것. 1조는 18개의 같은 지름, 같은 길이의 유리관에 시료를 넣고 병렬로 써서 비교하여 색의 농도가 같은 관의 번호를 읽고 시료의 색 수를 읽는다.

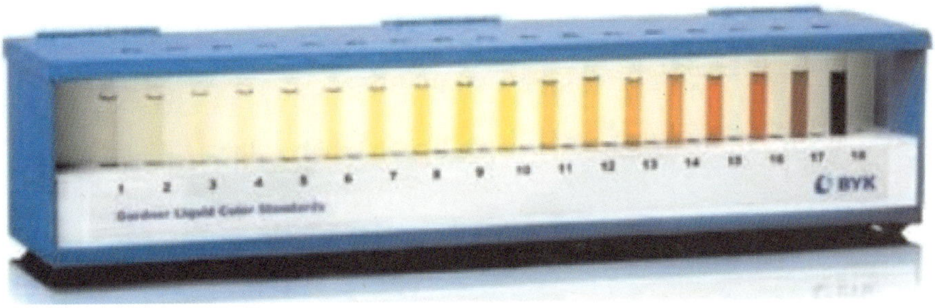

가열 건조(baking, stoving)

도장된 물체를 오븐에서 가열하여 페인트 도막을 경화시키는 공정으로, 제품의 내구성과 내식성, 외관 품질을 크게 향상시키며 페인트의 건조와 경화를 촉진해 튼튼한 도막을 형성하는 역할을 하며 보통 66℃(150℉) 이상의 온도에서 건조시킨다.

가열 분무도장(hot spraying, hot spraying coating)

도료를 가열하여 주도를 낮추어 스프레이하는 것.

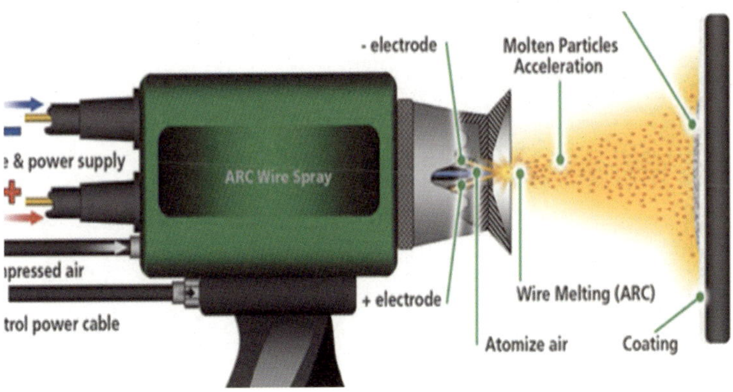

가열잔분(불휘발분:nonvolatile content, solid content, heating residue)

도료를 일정한 조건에서 가열했을 때에 도료성분의 일부가 휘발 또는 증발한 후 남은 무게를 본래 무게에 대한 백분율로 계상한 값. 잔분은 주로 전색제 속의 불휘발분 또는 안료이다. 도료 일반 시험방법에서는 가열 조건은 105±2℃에서 3시간으로 규정되어 있다.

강제 건조(forced drying)

자연건조보다도 약간 높은 온도에서 도료의 건조를 촉진하는 것이다. 보통은 66℃(150°F)까지의 온도에서 건조시킬 경우를 말한다.

건조(drying)

칠한 도료의 얇은 층이 액체에서 고체로 변화되는 현상. 도료 건조의 기구에는 용매의 휘발, 증발, 도막형성 요소의 산화, 중합, 축합 등이 있고, 건조의 조건에는 자연건조, 강제건조, 가열건조 등이 있다. 또, 건조상태에 따라 다음의 용어로 구분한다.

겔화(Gelation)

도료의 유동성이 없어지며 용기 안에 굳어 엉기는 현상임. 2액형 도료의 가사 시간이 경과하여 주로 발생되며, 시너를 첨가하여 희석 후 교반작업 후 원상으로 회복되지 않는다.

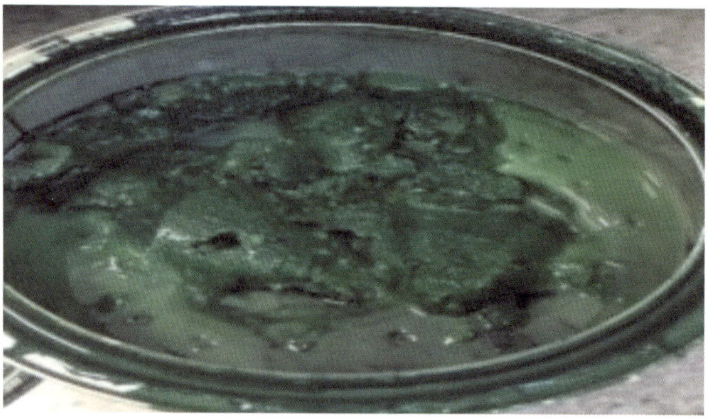

기포(Bubbling)

도료의 도장 시 생긴 거품이 꺼지지 않고 도막에 남아있는 현상. 도료를 강하게 혼합 후, 즉시 도장했을 때 용제의 증발이 너무 빠르고, 피도물의 온도가 높을 때 도료의 점도가 높을 때 발생될 수 있다.

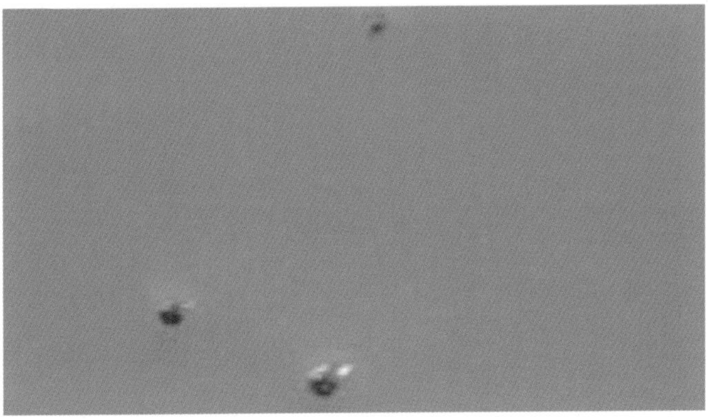

고착건조(tack free)

도막면에 손끝이 닿는 부분이 약 1.5cm가 되도록 가볍게 눌렀을 때 도막면에 지문 자국이 남지 않는 상태.

고화건조(dry-hard)

엄지와 인지 사이에 시험편을 물리되 도막이 엄지쪽으로 가게 하여 힘껏 눌렀다가 (비틀지 않고) 떼어 내어 부드러운 헝겊으로 가볍게 문질렀을 때 도막에 지운 자국이 없는 상태.

경화건조(dry-through)

도막면에 팔이 수직이 되도록 하여 힘껏 엄지손가락으로 누르면서 90° 각도로 비틀러 볼 때 도막이 늘어나거나 주름이 생기지 않고 다른 이상이 없는 상태.

완전건조(full hardness)

도막을 손톱이나 칼끝으로 긁었을 때 홈이 잘나지 않고 힘이 든다고 느끼는 상태.

건조시간(drying time)

도료가 건조하는 때에 따라 필요한 시간, 가열건조에서는 가열장치에 넣고부터 건조 상태로 될 때까지의 시간.

겔화(gel, gelation, gelling, livering)

액상인 것이 불용성의 젤리상으로 되는 것. 도료에서는 용기 속에서 굳어져서 희석제를 가하여 휘저어도 전색제가 고르게 녹지 않는 상태.

경도(hardness)

도막의 단단한 정도.

경화(curing)

도료를 열 또는 화학적인 수단으로 축합·중합시키는 공정. 요구하는 성능의 도막이 얻어진다.

경화제(hardner, curing agent)

도막을 경화시키는 물질.

광명단(red lead)

사삼산화납을 주성분으로 한 오렌지색 안료. 방청 안료로서 사용한다.

광명단 크롬산아연 방청페인트(red lead-zinc chromate anti-corrosive paint)

방청 안료로서 광명단과 크롬산아연을 사용해서 만든 하도도료.

광명단 방청페인트(red lead anti- corrosive paint)

광명단 방청도료(KSM 5311 참조).

광택(gloss)

물체의 표면에서는 받는 정반사광성 분의 다소에 따라서 일어나는 감각의 속성. 일반적으로 정반사광 성분이 있을 때에 광택이 많다고 말한다.

도막에서는 광택을 사용해서 입사각, 반사각을 45° : 45°, 60° : 60° 등으로 하여 거울면 광택도를 측정해서 광택의 대소의 척도로 한다.

균열(cracking)

노화된 결과 도막에 사용하는 부분적인 절단, 균열의 상태에 따라서 분류된다.

① 헤어크랙(hair cracking) : 가장 위층 도막의 표면에서만 생기는 아주 가느다란 균열, 모양은 불규칙하고 장소에 관계없이 생긴다.

② 얇은 균열 : 가장 위층 도막의 표면에만 생기는 가느다란 균열로 분산된 무늬가 되어서 분포한다.

③ 크레이징(crazing) : 얕은 균열과 비슷하며 그보다도 깊고 폭이 좁은 것.

④ 악어가죽 균열(alligatering, crocodiling) : 깊은 균열이 심한 것. 악어가죽 무늬로 생긴 것.

기포(도막의 : bubble, bubbling)

도막의 내부에 생긴 거품. 도료를 칠했을 때 생긴 거품이 사라지지 않고 남아 있는 것이 많다.

내구성(durability)

물체의 보호·미장 등 도료의 사용목적을 달성하기 위한 도막성질의 지속성.

내굴곡성(elasticity)

도막을 접어 구부렸을 때 잘 떨어지지 않는 성질, 굴곡시험에서는 시험판의 도막을 밖으로 해서 둥근 막대에 놓고 180° 접어 구부려 도막의 균열유무를 조사한다. 판이 두꺼울수록, 둥근 막대의 지름이 작을수록 도막에 주어지는 신장률과 도막에 일어나는 윗면에서 아랫면에 걸쳐서의 신장률의 불균등성은 크다. 도막이 무르지 않고 신장률이 크면 내 굴곡성이 우수하다고 판정된다.

내마모성(abrasion resistance)

마찰에 대한 저항성.

내비등수성(boiling water resistance)

도막이 끓는 물에 잠겨도 잘 변화되지 않는 성질. 내비등수 시험에서는 시험편을 비등수에 담그고, 도막에 주름, 팽창, 균열, 벗겨짐, 광택의 감소, 흐림, 백화, 변색 등의 유무와 정도를 조사한다.

내산성(acidproof, acid resistance)

산의 작용에 저항해서 잘 변화하지 않는 도막의 성질.

내세척성(washability)

오염을 제거하기 위해서 세척했을 때 도막이 쉽게 마모되거나 손상되지 않는 성질. 에멀젼 페인트, 수성도료 등에 대해서 시험을 한다.

내수성(water resistance, waterproof)

도막이 물의 화학적 작용에 대해서 잘 변화하지 않는 성질. 내수시험에서는 시험편을 물에 담가서 주름, 팽창, 균열, 벗겨짐, 광택의 감소, 흐림, 변색 등의 유무나 정도를 조사한다.

내알칼리성(alkaliproof, alkali resistance)

알칼리성의 작용에 대해서 잘 변화하지 않는 도막의 성질.

내약품성(chemical resistance)

도막이 산, 알칼리, 염 등 약품의 용액에 잠겨도 잘 변화하지 않는 성질. 내약품성시험에서는 시험편을 규정된 용액에 담그고, 도막의 주름, 팽창, 균열, 벗겨짐 또는 색, 광택의 변화, 팽윤, 연화, 용출 등의 변화유무를 조사한다.

내염수성(salt water resistance)

식염수작용에 대해서 잘 변화하지 않는 도막의 성질.

내열성(heat resistance)

도막이 가열되어도 잘 변화되지 않는 성질. 내열시험에서는 시험편을 규정된 온도로 유지하고 도막에 거품, 팽창, 균열, 벗겨짐, 광택의 감소, 색의 변화 등의 유무나 정도 등을 조사한다.

내용제성(solvent resistance)

도막이 용제에 잠겨도 잘 변화되지 않는 성질. 내용제 시험에서는 시험편을 규정된 용제에 침적하여 도막에 주름, 팽창, 균열, 벗겨짐 또는 색·광택의 변화, 점착성의 증가, 팽윤, 연화, 용출 등의 변화와 액의 착색, 혼탁의 유무와 정도를 조사한다.

내유성 oil(resistance, oilproof)

도막이 유류에 잠겨도 잘 변화되지 않는 성질. 내유성 시험에서는 시험편을 규정된 기름에 침적하여 도막에 주름, 팽창, 균열, 벗겨짐 또는 색·광택의 변화, 점착성의 증가, 팽윤, 연화, 용출 등의 변화와 기름의 착색, 혼탁의 유무와 정도를 조사한다.

내후성(weather resistance, weathering, weatherproof)

옥외에서 일광, 풍우, 이슬, 서리, 한난, 건습 등 자연의 작용에 저항해서 잘 변화하지 않는 도료의 성질.

내충격성(impact resistance, shock resistance, chip resistance)

도막이 물체의 충격을 받아도 잘 파괴되지 않는 성질. 충격시험에서는 시험편의 도면에 추를 낙하시켜서 균열, 벗겨짐 등의 유무를 조사한다.

노화(aging, ageing)

시간의 경과에 따라서 도막의 성질, 성능, 외관이 열화하는 것. 다만, 영어의 aging, ageing에는 이밖에 숙성(저장해서 품질이 향상된다)이란 뜻도 있다.

녹(rust)

보통은 철 또는 강의 표면에 생기는 수산화물 또는 산화물을 주체로 하는 화합물, 넓은 의미로는 금속이 화학적 또는 전기화학적으로 변화해서 표면에 생기는 산화 화합물.

니트로셀룰로오스 락카(nitrocellulose lacquar, nitrocellulose coating)

도막 형성요소로서 니트로셀룰로오스를 사용해서 만든 휘발 건조성의 도료, 용액의 증발로 단시간에 건조시킨다.

다채 무늬 도료(multicolor paint, multicolor cpating)

2색 이상의 도료가 서로 용해 혼합되지 않도록 불용성 매체 속에 입자상으로 분산시켜 만들며 1회의 분무로 색분산 무늬의 도막이 생기는 도료.

담색(tint, tint color, weak color)

흰색에 가까운 엷은 색. 도료관련 KS규격에서는 흰색 도료에 유색도료를 소량 혼합하여 만든 엷은 색으로 KSA 0062에 따라 명도가 6 이상에서 채도가 6 이하인 색을 말한다.

도포량(quantity for application)

일정한 면적에 칠하는 도료의 양(kg/m^2, ℓ/m^2).

도포면적(spreading rate, coverage)

도료의 일정한 분량으로 칠할 수 있는 면적(kg/m^2, ℓ/m^2).

라텍스(latex)

천연 또는 합성고무 에멀젼이나 합성수지 에멀젼을 지칭하는 말.

락카(clear lacquer)

목재의 투명 도장에 적합하고, 락카 에나멜 도장을 할 때에는 마무리 도장에 사용하는 액상, 투명, 휘발 건조성의 도료로, 니트로셀룰로오스를 주요 도막 형성요소로 하여 자연 조건에서 단시간에 용매가 증발하여 도막을 형성한다. 니트로셀룰로오스, 수지, 가소제 등을 용제에 녹여서 만든다.

로울러 도장(application by roller, roller coating)

로울러 사이를 통과시켜서 도료를 칠하는 방법. 평판 모양인 것에 사용한다. 또, 건물의 벽 등에 로울러를 사용해서 도료를 칠하는 방법.

리무버(paint remover)

도막을 벗기기 위해 사용하는 도료.

리타더 시너(retarder, retarder solvent)

락카류의 도장을 할 때 도막의 흐려짐을 방지할 목적으로 락카 시너에 혼합해서 사용한다. 투명, 휘발성이 낮은 액체로서 니트로셀룰로오스를 용해시키는 고비점 용제를 주원료로 해서 만든다.

리핑(leafing)

비늘 형상의 안료를 칠했을 때, 도막 형성시에 그 안료 조각이 평행으로 겹쳐 도료막의 표면층에 배열되는 현상이다. 리핑형 알루미늄분을 스파 바니쉬와 혼합시켜서 만드는 알루미늄 페인트에서 나타난다. 연속된 반짝이는 금속막처럼 보인다. 리핑은 안료와 전색제와 양자의 성질 상호작용에 의해서 일어난다.

마스킹(masking)

도장해서는 안될 부분을 점착테이프 같은 것으로 씌우는 것.

마스틱(mastic)

접착성분, 플라스틱 빠데, 접착제 등을 나타내는 말.

먼쉘 표색제(munsell system)

색의 3속성에 의한 색표배열에 따라서 먼쉘(A.H. Munsell)이 고안한 표색계·먼쉘휴(색상), 먼쉘벨류(명도), 먼쉘 크로마(채도)의 3속성에 따라서 물체색을 나타낸다. 1943년에 미국광학회에서 표색계의 척도를 수정한 것을 먼쉘 표색계라고 한다.

명도(value, lightness, shade, subjective brightness for paint film)

물체 표면의 반사율이 다른 것과 비교해서 큰가 작은가를 판정하는 시각의 속성을 척도로 한 것. 색의 밝기에 대해서 말한다.

무늬도료(pattern finish)

색무늬, 입체무늬 등의 도막이 생기도록 만든 에나멜, 크랙킹 락카, 주름 무늬-에나멜 등이 있다.

물연마(wet sanding, wet rubbing)

내수 연마지, 숫돌, 연마석 등을 사용해서 물을 뿌리면서 도막을 연마하는 방법.

물자국(Water Mark)

증발된 작은 물방울 테두리를 도료 위에서 볼수 있으며, 잘못된 양의 경화제 사용, 두꺼운 도막에 건조 시간 안에 경화가 되지 않을 때, 도막이 냉각되는 동안 작은 물방울이나 비를 맞을 때 발생한다.

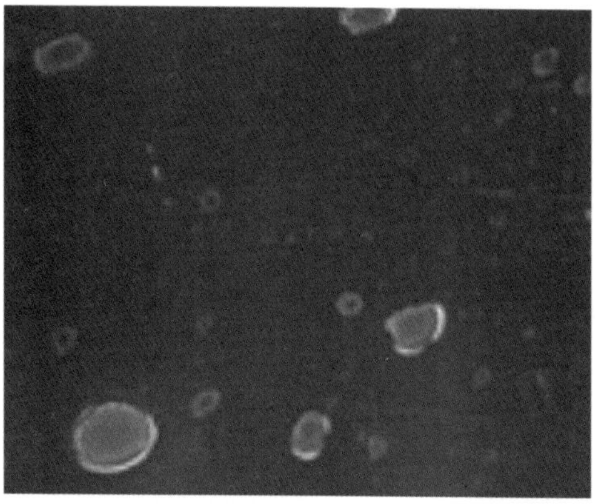

뭉침(cissing, crawlingf color)

도료를 도장하는 동안 표면에 작은 구멍이나 움푹 패인 자국이 생기는 현상으로,

도료가 뭉쳐서 바탕면에 붙지 못하고 불연속적인 도막을 발생하는 것으로 왁스, 그리스 등 표면 오염물질이나 불균일한 표면 장력이 원인이며, 이를 예방하기 위해 표면을 깨끗하게 청소하고, 작업도구를 깨끗이 세척 관리하고, 필요시 알코올계 신나나 cissing 방지제를 사용해야 한다.

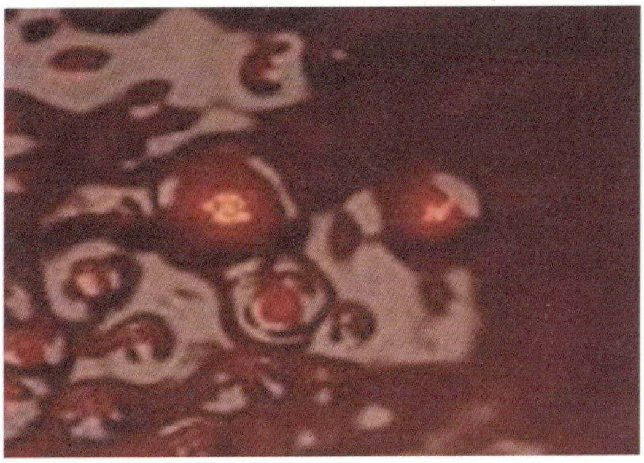

밀 스케일(mil scale)

철재의 표면에 생기는 검은 껍질.

부풀음

피도면인 혼합물의 내부 기공 내의 공기 및 수분이 강한 압력으로 외부로 용출될 시 도막을 밀어 발생되는 현상이며, 내부 기공을 하도재로 제대로 메우지 못할 경우, 피도면 내부에 과량의 수분이 존재할 경우 주로 발생된다.

■ 바니쉬(varnish)

수지 등을 용매에 녹여서 만든 도료의 총칭이며 안료는 함유되어 있지 않다. 도막은 대개 투명하다.

■ 반점(mottle, mottling)

도막이 부분적으로 광택이 없거나 희미하거나 불규칙적인 무늬가 나타나는 현상.

■ 방균도료(fungus resistance coating)

소지 또는 도막에 곰팡이가 발생하는 것을 방지하기 위해서 사용하는 도료. 방균제를 가해 만든다. fungicidal paint.

■ 방로(防露) 도료(결로 방지 도료 : anti-condensation paint)

다습성 조건하에서 수분의 응축에 의한 영향을 방지하기 위하여 도장하는 도료.

■ 방오성(anti-fouling property)

표면에 유해한 생물 등의 부착을 방지하는 도막의 성질. 주로 선저 도료의 도막에 생물포자, 갑각류, 균체, 해조류 등이 부착하는 것을 방지하는 성질.

■ 백악화(chalking)

도막의 표면이 분말상으로 되는 현상.

■ 백화(blushing)

도료의 건조과정에서 일어나는 도막의 변화 현상. 용매의 증발에서 공기가 냉각되고 그 결과 응축된 수분이 도료의 표면층에 침입하고, 용매의 증발 중에 혼합 용제 사이의 용해력이 균형을 잃고, 도막성분의 어느 것인가가 석출하기 때문에 일어난다. 페인트 도장 후 형성된 도막이 대기중의 자외선 및 수분 등에 의해 분해되어 수지분이 없이 안료 입자만 남아 백색으로 나타나는 현상이다.

발생과정	발생원인	예방 방법
시너	너무 빠른 속건 형 시너를 사용하는 경우 (이런 경우 표면을 그만큼 빨리 냉각시키므로, 건조되지 않은 도막에 즉각적으로 습기가 응축되도록 한다.)	습한 날씨에는 약간 지건형의 시너를 사용한다.
스프레이	과도한 에어 압력으로 스프레이하는 경우 (이때 습기가 응축함)	추천된 에어 압력으로 스프레이한다.
	작업환경이 너무 습하고 차가운 경우	너무 습하고 차가운 곳에서의 작업을 피한다.
	작업환경의 공기 순환이 너무 빠른 경우	작업장 내의 공기 순환 속도를 정기적으로 점검한다.
건조	작업하고자 하는 패널을 충분하게 건조시키지 않아 도막 내에서 응축이 발생하는 경우	작업 목적에 맞는 추천된 건조시간을 준수한다.
해결방법	백화 현상이 심하지 않은 경우에는 폴리싱으로 해결할 수 있으나, 매우 심한 경우에는 탑코트를 샌딩하여 제거하고 재 작업해야 한다.	

변색(discoloration)

도막의 색의 색상, 채도, 명도 중 어느 하나 또는 하나 이상이 변화하는 것. 주로 채도가 작아지고 거기에 명도가 커지는 것을 회색이라고 한다.

보일유(boiled oil)

건성유, 반건성유를 가열하고, 혹은 공기를 불어넣어 건조성을 증진시켜서 얻은 기름.

불포화 폴리에스테르 수지 도료(unsaturated polyester coating)

도막 형성요소로서 불포화 폴리에스테르와 비닐 단량체를 사용해서 만든 도료.

터치도장(touch up)

도막의 홈 부분 등을 부분적으로 칠해서 보수하는 것.

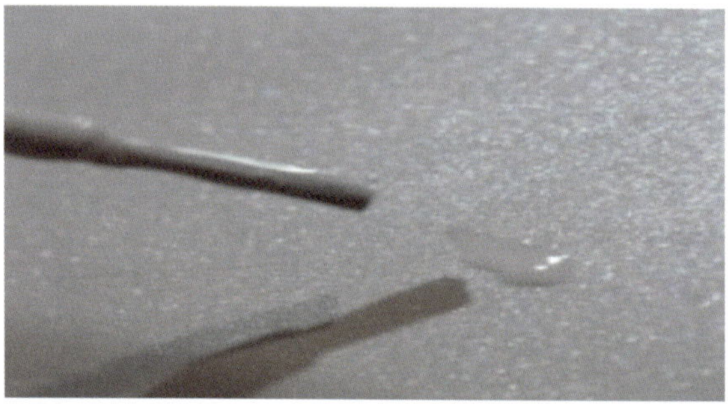

부착성(adhesive property, adhesion, adhesive strength)

도막이 하지면에 부착되어 잘 떨어지지 않는 성질.

부풀음(blistering)

도막 표면에 물집처럼 부풀어 오르는 도장결함으로, 페인트 막 아래에 수분, 습기,

용제 증기 등이 갇히면서 발생한다. 삼투현상이나 도료의 팽창에 의해 도막을 밀어내어 부풀게 하며, 수분 및 습기 침투, 삼투현상, 도료의 과도한 팽창, 용제 증기 발생, 오염된 표면 등이 원인이며, 외관손상, 부식촉진, 도막성능 저하 등의 도장결함을 발생시킨다.

분산(dispersion)

하나의 상을 이루고 있는 물질 속에 다른 물질이 미립자 상이 되어 산재해 있는 현상.

붓 도장(brush application, brushing, brush coating)

붓으로 도료를 칠하는 방법.

블리이딩(색번짐) bleeding

상도 도장의 바로 밑의 하부 도장의 서페이서 먼지 등의 이물질을 흡수하기 때문에 생기는 현상으로 서로 다른 색상의 도료를 겹침 도장하였을 때 하도가 상도에 배어나와 색상이 오염 또는 색상이 달라지는(이색) 현상이다. 또한 폴리에스터 제품의 경화제를 과잉 혼합한 경우 발생할 수 있다.

발생 과정	발생원인	예방 방법
탈지	페인트의 먼지나 이물질(낙진, 아스팔트 분진 등)이 도막 표면에 박혀있는 경우	보수할 부분과 그 주변 부분까지 완전히 탈지한다.
경화제	폴리에스터 제품의 경화제를 과잉으로 혼합한 경우	추천된 경화제 혼합 비율을 정확하게 지킨다.
	경화제와 폴리에스터 제품을 완전히 혼합하지 않은 경우	항상 정확한 방법으로 혼합하여 사용하고 필요한 경우 믹싱 장비를 사용하여야 한다.
해결 방법	블리딩 현상이 발생한 층을 포함한 모든 페인트 시스템을 완전히 제거하고 재 작업한다.	

비누화(saponification)

유지, 지방, 에스테르 등을 알칼리로 처리하면 알코올과 산으로 분해되고, 알칼리염을 생성하는 반응산이 지방산일 때에 생성하는 알칼리염을 알칼리 비누라고 한다.

비츄멘(역청질 : bitumen)

원래는 경도, 휘발성 등이 일정치 않은 천연 탄화수소 화합물의 총칭이며, 현재는 석유화학공업, 석탄화학공업에서 생기는 타르, 아스팔트, 피치를 포함한 짙은 다갈색의 액상 또는 수지 모양 물질의 총칭이다.

산세척(acid picking, picking)

금속제품의 밀 스케일이나 녹의 층을 제거하기 위해 산성용액에 담가서 바탕을 깨끗하게 하는 것.

산화철 안료(iron oxide pigment)

산화철을 착색 성분으로 하는 안료. 산화철 빨강색, 산화철 노랑색, 산화 철분 등이 있다.

상도도료(top coat)

페인트칠의 최종 마감 단계에서 사용되며, 미관을 향상시키고 외부 환경으로부터 피도면을 보호하며, 유지관리를 편리하게 하며, 도장 마무리를 할 때 마감 도료로 사용되는 도료로 보호기능, 미관 향상, 내구성 및 유지관리, 방수, 내열, 내식성 등의 역할을 한다.

상용성(compatibility, compatible)

2종류 또는 그 이상의 물질이 서로 친화성을 가지고 있어서, 혼합했을 때에 용액 또는 균질의 혼합물을 형성하는 성질. 도료에 있어서는 2종류 또는 그 이상의 도료가 침전, 응고, 겔화와 같은 불량한 결과로 나타나지 않는 성질.

새깅(흐름현상 : sagging, run, curtaining)

수직면에 칠했을 때 건조까지의 사이에 도료의 층이 부분적으로 아래쪽으로 흘러서 두께가 불균등한 곳이 생겨서 반원상, 고드름상, 액상 등이 되는 현상. 너무 두껍게 칠했을 때 도료의 유동 특성의 부적합 상태에서 일어나기가 쉽다.

색분리(도막의 : flooding)

여러 안료를 혼합하여 만든 도료에서 안료입자가 도막 표면에 불균일하게 분포하여 부분적으로 다른 색을 띠는 현상이다. 도료가 건조하는 과정에서 안료 상호 간의 분포가 상층과 하층이 불균등해져서 생긴 도막의 색이 상층에서 조밀해진 안료의 색으로 강화되는 현상.

샌드 블라스트(sandblasting, blast cleaning)

노즐을 통해 연마재를 고압으로 분사하여 소재 표면을 다듬거나 절삭하는 가공 방법으로, 녹, 페인트, 스케일 등의 오염물을 제거하고, 제품의 표면 거칠기, 프로파일 형성, 코팅 및 도금의 접착력 향상 등 다양한 표면 처리(도장면 처리) 역할을 한다.

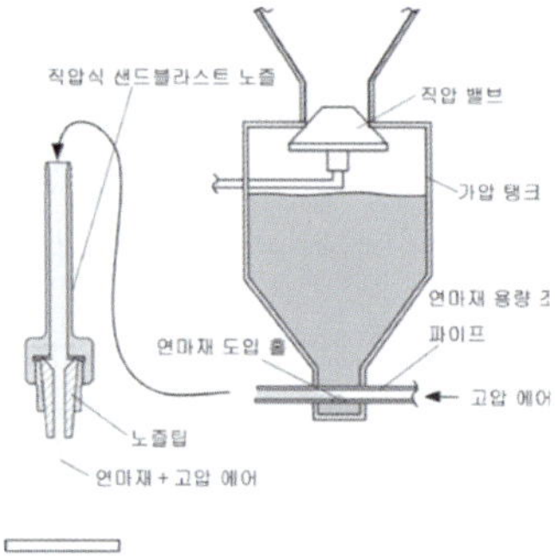

샌딩 실러(sanding sealer)

목재 표면을 부드럽게 만들어 주고, 기공을 메우며 얼룩이 생기는 것을 방지하여, 최종 투명 마감재를 위한 매끄러운 베이스 코트를 형성하는 역할을 하며, 중도에 적합한 액상, 반투명, 휘발 건조성의 도료이며, 니트로셀룰로오스를 주요 도막 형성 요소로 하여 자연 건조되어 연마하기 쉬운 도막을 형성한다. 매끄러운 베이스 코트 형성, 얼룩 방지, 빠른 건조와 연마성, 목재보호 및 밀봉, 최종 마감재의 품질향상 등의 역할을 한다.

세팅(setting)

세팅(setting)은 도료(페인트)를 칠한 후 유동성이 없어질 때까지 시간을 주고 고체화되는 과정을 의미한다. 이 과정은 페인트가 건조되어 표면에 단단한 피막을 형성하며, 연마하기 좋은 상태로 만들며, 고체화 및 피막형성, 유동성 제거, 도장면의 안정화, 후처리 준비 등의 역할을 한다.

셀룰로오스 락카(cellulose lacquer, cellulose coating)

도막 형성 요소로서 셀룰로오스 유도체를 사용해서 만든 도료.

소광제(flatting agent)

페인트의 광택을 줄여 무광택이나 반광택의 표면 효과를 만드는 역할을 하며, 도료에 첨가되어 도막이 건조된 후 빛의 난반사를 통해 표면의 광택도를 낮추고, 원하는 광택 레벨의 마감재를 얻을 수 있도록 돕는 첨가제이며, 광택조절, 표면균일화 등의 역할을 한다.

소지조정(surface preparation)

페인트가 잘 부착되고, 오래 지속하는 목적으로 필수적인 작업이며, 표면의 오염물을 제거하고, 페인트가 잘 묻도록 표면 거칠기(앵커 패턴)를 만든다, 균열, 벗겨짐, 들뜸 현상을 방지하고, 페인트 부착력 강화, 내구성 향상, 균일한 마감품질, 문제예방 등의 역할을 한다.

스키닝(skinning)

용기 내의 도료 표면에 피막을 형성하는 현상.

스테인(stain)

바탕에 스며들어서 색을 표현하기 위한 재료, 주로 목재의 착색제를 말한다. 염료 등을 용액에 녹인 것이 많고, 용매의 종류에 따라 알코올 스테인, 오일 스테인, 수성 스테인 등이 있다.

스파 바니쉬(spar varnish)

에스테르검과 중합등유를 도막 형성 요소로 하는 장유성의 유성 바니쉬로, 다른 유성 바니쉬에 비하여 내수성, 내후성, 내비등수성이 우수하다. 선박의 돛대 등에 칠했기 때문에 이러한 이름이 있다.

스프레이 도장(spray coating)

압축공기를 스프레이건을 통하여 도료를 미립화하고 뿜어내면서 도막을 형성하는 방법.

스프레이 부스(spray booth)

도료의 비산을 방지하기 위해서 사용하는 물, 송풍기를 비치하고 도료의 안개나 용매의 증기를 흡인해서 실외로 내보낸다. 부스 안벽에 물을 흐르게 해서 도료의 부착을 방지하고, 흡인기류에 물을 분산시켜서 도료의 안개 등을 떨어뜨리게 된 것이 많다.

실러(sealer, sealing coat)

바탕의 다공성으로 인한 도료의 과도한 흡수나 바탕으로부터의 침출물에 의한 도막의 열화 등 악영향이 상도에 미치는 것을 방지하기 위해 사용하는 하도용의 도료.

실리콘(silicone)

수지, 그리이스, 기름 등의 외관을 하고 있는 고분자 물질로서 유기 용매 가용성 발수제, 계면활성제, 내열성 수지 등으로 사용된다.

실킹(silking)

도장 시 도료가 빠르게 건조되어 도장면에 생기는 명주실 모양의 겉모양이 극히 가느다란 줄자국.

아미노 수지(amino resin)

우레아, 티오우레아, 멜라민 등과 포름알데히드를 반응시켜 만든 열경화성 합성수지.

아미노 알키드 수지 도료(amino alkyd resin coating)

아미노 수지와 알키드 수지를 전색제로 하여 만들어지는 도료. 가열에 의하여 양수지의 공축중합 반응으로 도막을 형성함.

아연말(zinc dust)

금속 아연을 주성분으로 한 회색 분말, 방청 안료로서 사용한다.

아크릴 수지(acryl resin)

아크릴 화합물(아크릴산 메틸, 메타아크릴산 메틸 등)을 중합시켜 만든 열가소성 합성 수지.

안료(pigment)

물에 녹지 않는 고운 색깔 입자로서 페인트의 착색, 은폐력 부여 역할과 함께, 도막의 강도, 내구성, 광택을 높이고 외부 환경으로부터 보호하는 등 페인트의 다양한 물리적, 기능적 성능을 향상시키며, 착색 및 은폐력 부여, 도막형성 및 강화, 광택 조절, 페인트의 유동성, 점성조절, 표면을 보호하는 역할을 한다.

안료 체적률(pigment volume, pigment volume concentration : PVC)

도막 성분 속에 함유된 안료의 도막성분에 대한 체적의 백분율, 동종의 도료간에 도막의 성질을 비교할 때에 사용된다.

알키드 수지(alkyd resin)

다가 알코올과 다염기산을 축합해서 만든 수지상 성분의 일부로서 지방산을 사용한 변성 수지가 도료에는 많이 사용된다. 다가 알코올로서 글리세린, 팬타에스테르 등, 다염기산으로 프탈산 무수물, 마레인산 무수물 등, 지방산으로 아마인유, 콩기름, 피마자유 등의 지방산이 사용된다. 수지 속에 결합한 지방산의 비율이 큰 것에서부터 작은 것으로서의 순서로 장유성 알키드, 중유성 알키드, 단유성 알키드라고 말한다.

언더 코팅(under coating)

중도용 도료나 상도용 도료를 칠하기 전에 하도용 도료를 칠하는 것.

얼룩(stain, spot, spotting)

도면에 다른 대부분과 틀리는 색이 소부분 발생하는 것. 이중의 물질 혼입, 침입, 부착 등에서 생긴다.

에나멜(enamel)

바니쉬에 안료를 첨가하여 유용성, 광택 등이 유리질 에나멜과 비슷하게 만든 물질을 지칭한다.

에나멜 동선용 바니쉬(insulating varnish for copper wire)

에나멜 동선을 만들 때에 사용되는 전기 절연 바니쉬.

에멀젼 페인트(emulsion paint)

보일유, 기름 바니쉬, 수지 등을 수중에 유화시켜서 만든 액상물을 전색제로 사용한 도료.

에칭 프라이머(etching primer, pretreatment primer, wash primer)

금속도장을 할 때에 바탕 처리에 사용하는 프라이머 성분의 일부가 바탕의 금속과 반응해서 화학적 생성물을 만들고, 바탕에 대한 도막의 부착성이 증가되도록 한 금속바탕 처리용의 도료. 주로 인산, 크롬산을 함유한다. 보통은 전 성분을 물로 나누어서 만든 1조로서 공급하고 사용 직전에 혼합한다.

에러리스 스프레이 도장(airless spraying, airless spray application)

에어리스 스프레이건을 사용해서 도료를 칠하는 것.

에폭시 수지(epoxy resin)

분자 속에 에폭시기를 2개 이상 함유한 화합물을 중합하여 얻은 수지 모양 물질로, 에피클로로히드린과 비스페놀을 중합하여 만든 것이 대표적이다. 에폭시 수지를 사용해서 만든 도료는 경화시간(건조시간)이 짧고, 도막은 화학적, 기계적 저항성이 대체로 크다.

연마(sanding)

재도장하기 위해 연마하는 조작.

연화도 측정기(grind gauge, fineness gauge)

도료 속의 알맹이 모양인 것의 존재와 크기를 판정하기 위한 시험기구.

열가소성(thermoplastic, thermoplasticity)

열을 가하면 연해지고 냉각되면 단단해지는 것을 되풀이하는 성질.

열경화성(thermosetting property)

수지 등이 가열하면 경화되어서 불용성이 되어 본래의 연성으로 되돌아가지 않는 성질.

염수분무 시험(salt spray testing, salt spray test)

식염수 용액을 분무상으로 해서 뿜어 넣는 용기 속에 시험판을 넣고 금속재료, 피복 금속재료, 도장 금속재료 등의 방식성을 비교하는 시험.

염화고무(chlorinated rubber)

염소화시킨 고무 폴리에틸렌 및 폴리프로필렌의 염소화물도 이에 포함된다.

염화비닐 수지도료(vinyl chloride resin coating)

폴리염화비닐을 주성분으로 하는 수지상의 물질을 도막 형성요소로 사용해서 만든 도료, 내약품성이 우수하다. 염화비닐 수지 바니쉬, 염화비닐 수지 에나멜, 염화비닐 수지 프라이머가 있다.

오렌지 필(orange peel)

귤의 겉껍질과 같은 작게 홈 패임이 생긴 도막의 외관, 분무칠을 할 때에 도료의 유전성 부족으로 인해서 일어나는 도료 또는 도장상의 결함, 증발이 늦은 용매를 첨가하던가 아주 묽게 하면 오렌지 필은 적어진다.

요변성(thixotropic)

젓거나 흔들면 주도가 감소하여 유동성이 생기고, 방치하면 원래의 상태로 돌아가는 성질.

용제(solvent)

페인트를 묽게 만들어 도장하기 쉽게 하고, 도장 작업의 유동성을 부여하며, 도장된 후에는 휘발되어 도막 성능에 영향을 주며. 솔벤트는 피도물(패널 등)에 묻은 기름과 같은 유기물을 제거하는 세척 및 탈지 역할도 하며, 페인트 브러시 등 도장 장비를 세척작업에 사용하며, 도료 희석 및 점도조절, 도장 작업 편리성, 도장후 휘발, 세척 및 탈지기능, 도장 작업성 개선 등의 역할을 한다.

용출(solve out)

도막을 액체에 담갔을 때 도막에서 성분의 일부가 녹아나오는 것.

우드 필러(wood filler)

목재의 홈 패임을 메꾸고, 상도도료가 그 부분에 빨려 들어가는 것을 방지하기 위한 도장 보조재료.

우드 실러(wood sealer)

목재에 투명 락카를 도장할 때에 바탕을 칠하기에 적합한 액상, 투명, 휘발 건조성의 도료로서, 니트로셀룰로오스를 주요 도막 형성요소로 하고, 자연 건조로 단시간에 목재면에 얼마간 침투된 도막을 형성한다. 니트로셀룰로오스, 수지, 가소제 등을 용제로 녹여서 만든다.

유기안료(organic color, organic pigment)

유기물을 발색성분으로 하는 안료.

유성도료(oil paint)

도막 형성요소의 주성분이 건성유인 도료의 총칭.

은폐력(도막의 : hiding power, covering power, opacity)

도막이 바탕색의 차이를 덮어 숨기는 능력. 검정색, 흰색 또는 이미 칠해진 다양한 바탕을 덮고 숨기는 능력이며, 본질적으로 페인트가 밑에 있는 것을 얼마나 잘 숨길 수 있는지를 결정하는 것은 페인트의 광학적 특성이다.

은폐율(도막의 : contrast ratio)

도막이 바탕색의 차이를 덮어 숨기는 능력. 흑색과 백색으로 나누어 칠한 바탕 위에 같은 두께로 칠했을 때 건조 도막을 45도, 0도의 확산 반사력 비율로 나타낸다.

인산처리(phosphating)

금속염과 인산을 주성분으로 하는 용액으로 금속표면을 처리하는 조작.

인화점(flash point)

규정된 조건 아래에서 가연성 증기를 발생하는 물질과 공기와의 혼합기체에 불꽃을 접촉시켰을 때, 연소가 일어나는 데 필요한 최저 온도.

자연건조(air drying, cold curing)

도료가 상온의 공기 속에서 건조하는 것.

저온 안정성(low temperature stability)

냉각 후 상온으로 되돌리면 본래의 성능상태로 되돌아가는 성질.

저장 안정성(storage stability, can stability, self life)

저장해도 변질이 잘 안되는 성질. 도료를 일정한 조건으로 저장한 후 칠해볼 때, 칠하는 작업이나 형성된 도막에 저장 유무를 조사해서 판정한다.

적색철 산화물(red iron oxide)

산화 제이철을 주성분으로 하는 안료, 노랑빛 또는 빨강에서 보라색까지의 색상을 가진 것이 있다(KSM 5102 참조).

적외선 건조(infra red drying, infrared drying, infrared baking)

도료를 칠한 면에 적외선을 비춰 가열해서 건조시키는 방법. 적외선은 적외선 전구, 가스 적외선 버너, 가스 발열관 등을 사용해서 방사시킨다.

전색제(vehicle)

도료 속에서 안료를 분산시키고 있는 액상의 성분.

전착(electrodeposition, electrocoating)

도전성이 있는 물체를 물에 분산시킨 도료 속에 넣고 물체와 다른 금속체가 양극이 되도록 하여 전류를 흐르게 하고, 물체에 도료를 도장하는 방법.

점성(viscosity)

액체의 흐름에 대한 내부 저항.

점착건조(dust free)

① 손가락에 의한 방법 : 손가락 끝에 힘을 주지 않고 도막면을 가볍게 좌우로 스칠 때, 손톱자국이 심하게 나타나지 않는 상태.

② 솜에 의한 방법 : 탈지면을 약 3cm 높이에서 도막면에 떨어뜨린 다음, 입으로 불어 탈지면이 쉽게 떨어져 완전히 제거되는 상태.

점착성(tackiness, stickiness)

도막 표면의 끈기.

정전 도장(electrostatic coating, electrostatic spraying)

도료와 물체와의 사이에 정전압을 걸고, 도료의 안개를 물체에 끌어 붙여서 칠하는 방법. 도료의 안개는 회전 원판, 스프레이건 등으로 발생케 하지만 발생원에 대한 물체의 뒤쪽에도 도료가 부착하여 도료의 손실이 적은 것이 특징이다. 전압은 보통 70–106kV.

주도(consistency)

액체를 변형할 때에 발생하는 역학적인 저항. 유체의 유동에는 점성유동, 소성유동, 칙소트로픽, 다이라탄시 등이 있어 저항의 상태에 차이가 있다. 정량적으로는 응력

미끄럼 속도 특성을 사용해서 점도 변화, 항복치 등으로 나타낼 수 있다.

🔽 주름(crinkling, shriveling, wrinkling)

도료의 건조 과정에서 도막에 생기는 파상의 울퉁불퉁한 것. 보통 표면 건조가 심할 때에 표면층의 면적이 커져서 생긴다. 울퉁불퉁에는 평형선상, 불규칙선상, 오글쪼글한 상 등이 있다. 도막이 두껍거나 주경비(주제와 경화제) 오류로 인해 도막 표면의 건조가 도막 전체의 건조보다 빨리 건조되고 팽창할 경우, 상도도료의 용제가 너무 강하여 하도의 도막을 녹일 경우 발생한다(현장 용어로 지지미).

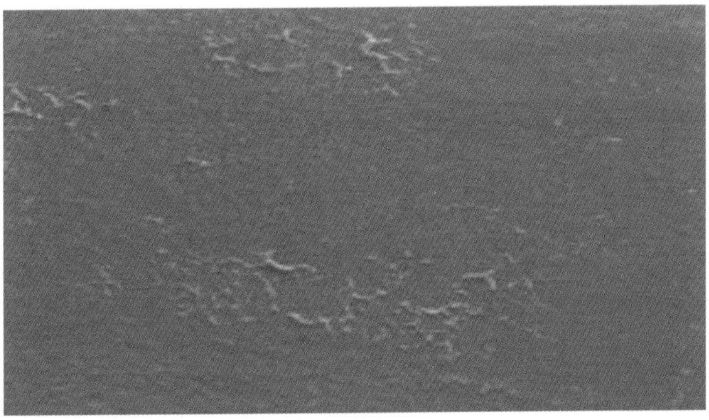

🔽 주름 에나멜(wrinkle finish enamel)

오글쪼글한 천의 주름 모양의 도막이 생기는 에나멜. 가열 건조시킬 때 급격한 산화에 의해서 표면 건조가 생겨 주름 무늬가 생긴다.

🔽 중도(intermediate coat)

하도와 상도의 중간층으로서 중도용의 도료를 칠하는 것. 하도 도막과 상도 도막 사이의 부착성의 향상, 종합 도막층 두께의 증가, 평면 또는 입체성의 개선 등을 위해서 한다. 영어에서는 목적에 따라서 under coat, ground coat, surfacer 등으로 말한다.

지촉건조(set to touch)

도막을 손가락으로 가볍게 대었을 때 접착성은 있으나 도료가 손가락에 묻지 않는 상태.

체질안료(extender filler, extender pigment)

도막의 보강, 증량의 목적으로 사용하는 굴절률이 작은 흰색 안료.

촉진 내후성 시험(accelerated weathering test, accelerated weathering artificial weathering)

도막은 옥외에 노출되면 일광, 풍우 등의 작용을 받아서 열화한다. 이 종류의 열화하는 경향의 일부를 단시간에 시험하기 위해서 자외선 또는 태양빛에 근사한 광선 등을 조사하고, 물을 뿜어내는 등의 인공적인 실험실적 시험.

촉진제(accelerator)

화학 반응속도를 촉진시키는 물질. 도료 공업에 있어서는 수지의 강화 또는 가교화를 촉진시키는 물질을 말한다. "활성화제", "촉매", "가교화제" 참조.

침적도장(dipping, dip coating, immersion coating)

물체를 도료 속에 담근 후 꺼내는 칠방법. 여분의 도료는 흘러 떨어져서 제거된다.

크렉(Cracking)

도막의 표면이 갈라지는 현상으로 그 형상에 따라서 Crack, Alligatoring, Checking, 등으로 표현되며, 도료 배합상의 문제, 상도와 하도의 건조 속도 차이가 존재할 경우, 휘발이 빠른 용제가 함유된 도료가 완전히 건조되지 않은 하도 위에 도장하는 경우, 겨울철 차가운 소지(1st 도막 포함)에 후속 도장하는 경우, Soft한 하도 위에 Hard한 상도가 적용될 경우 등에 발생된다.

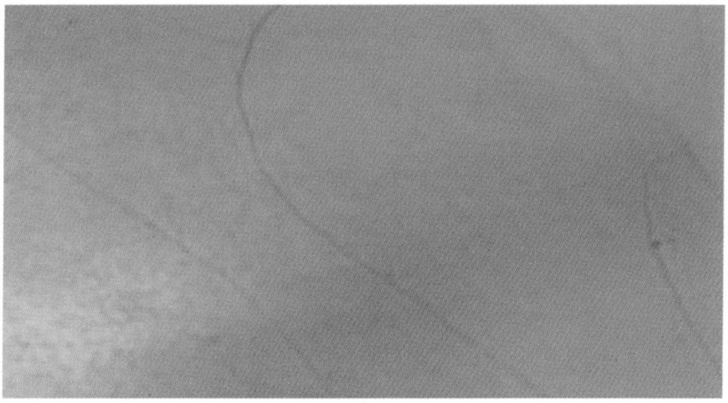

크레터링(cratering)

도막 표면에 작은 화산의 분화구 모양 혹은 함몰한 작은 그릇 모양으로 보이는 현상을 말한다. 소지면 표면의 유분(기름), 실리콘 성분 등의 오염물이 존재할 경우 발생된다(탈지 공정이 중요하다).

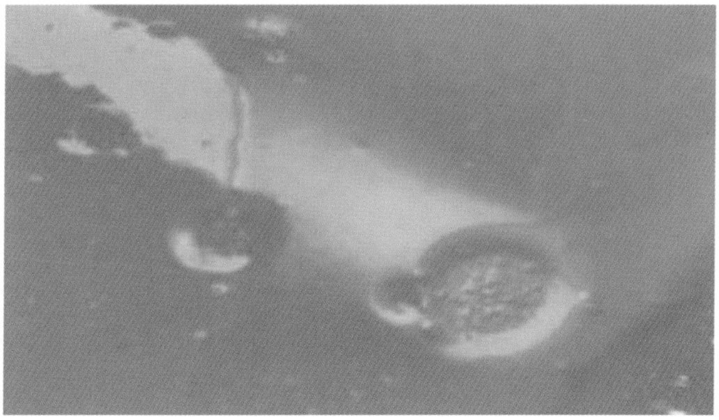

텀블링 도장(tumbling, barrelling, drum coating)

통속에 물체와 도료를 넣고, 통을 회전시켜 물체가 굴러 서로 부비는 작용으로 도료를 칠하는 방법. 소형에 수가 많은 것을 칠할 때 사용한다.

충격시험

자동차 도장은 충돌과 긁힘으로 차체를 보호하기 위해 내충격성이 요구되며, GB/T 규정에 따라 도막 내충격성 시험방법으로 충격시험(도막을 시험판에 놓고, 분동(무게추)을 특정 높이에서 낙하시켜 높이를 기록, 높이(cm)가 높을수록 내충격성이 좋으며 주름이나 벗겨짐, 균열 등을 확인한다.

퍼티(빠데 : putty)

소지의 패임, 균열, 구멍 등의 결함을 메꾸어 도장재의 평평함을 향상시키기 위해 사용하는 살붙임용의 도료, 안료분을 많이 함유하고 대부분은 페이스트상이다.

평활성(levelling)

칠한 후, 도료가 유동해서 평탄하고 매끄러운 도막이 생기는 성질. 도막의 표면에 붓칠자국, 오렌지 필, 파도와 같은 미시적인 고저가 많지 않은 것을 보고 평활성이 좋다고 판단한다.

페놀 수지(phenolic resin, phenol, formaldehyde)

페놀화합물(페놀, 크레졸, 자일렌, 레조르시놀)과 포름알데히드를 반응시켜서 만든 합성 수지, 송지, 송지 에스테르, 건성유 등으로 변성시켜 도료용으로 사용하는 경우도 있다.

폴리싱 콤파운드(polishing compound)

도막을 연마해서 광택을 내기 위한 재료.

폴리우레탄 수지(polyurethane resin)

수산기를 함유하는 중합 물질과 폴리이소시아네이트를 반응시켜서 만든 합성수지, 대개 이 수지는 2액형으로 되어 있어서 사용 직전에 혼합하여 사용하게 되어 있다.

프라이머(primer)

도장재 중에서 소지에 최초로 사용되는 도료, 프라이머는 소지의 종류나 도장재의 종류에 따라 여러 가지 종류가 있다.

프라이머 서페이서(primer surfacer)

중도의 성질을 겸한 하도용의 도료, 도막은 연마하기 쉽다.

프탈산 수지 도료(phthalic resin coating, alkyd resin coating)

프탈산무수물을 원료로 하는 알키드 수지를 도막형성 요소로 하는 도료, 내후성이 우수하다. 프탈산 수지 에나멜.

플로팅(색분리: 뜬반점 : floating)

도막의 표면층의 색상과 내부의 색상이 다르게 보이거나, 도장 후 건조되는 과정에서 안료간의 분포가 불규칙하여 도막의 색이 얼룩져 보이는 결함으로, 도료의 제조시 안료의 분산이 불량하여 안료 입자 간의 서로 재 응집이 일어날 경우, 안료간의 입자의 크기와 비중의 차이가 많이 날 경우, 도료의 용제 조성 중에서 휘발속도가 매우 다른 용제가 존재할 경우 등 도료의 재질과 보관 및 취급상의 문제로 발생된다.

피막(Skinning)

용기 내에서 도료의 표면층이 말라붙어 피막이 생기는 현상. 용기의 뚜껑을 열린 채 보관된 경우로 공기 중의 산소와 산화 반응으로 발생한다.

핀홀(pinhole, pinholing)

Wet 도막이 건조되면서 내부의 용제나 공기가 빠져나오는 과정에서 생긴 구멍 도막에 생기는 극히 작은 구멍. 하도에 핀홀이 이미 존재하는 도막에(퍼티 작업의 기공, 서페이서 작업 등) 재도장할 경우, 여름철 소지 표면의 온도가 높아 도막의 표면 건조가 너무 빠르거나, 용제의 증발이 너무 빠를 경우(도장 후 곧바로 강제건조 작업 등) 한꺼번에 두터운 도막이 도장될 경우 발생한다.

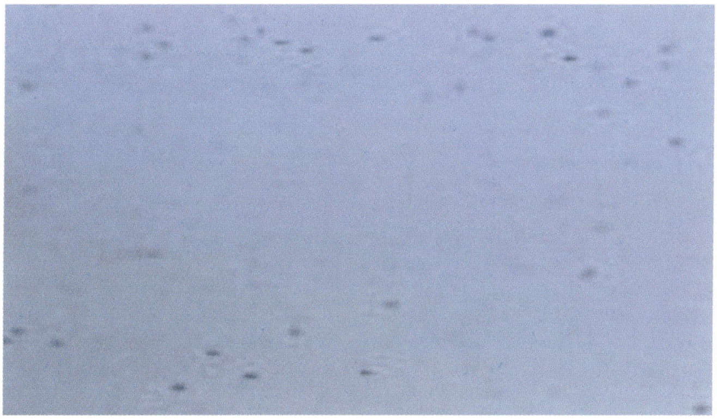

필링(peeling) : 벗겨짐

도막이 노화 또는 다른 결함 등으로 부착력이 약해져 벗겨져 떨어지는 현상으로 일반적으로 도막 표면의 결합력(점착력)보다 도료의 장력이 더 커서 발생되는 도막 결함이다. 소지(도장면) 표면에 습기, Dust, Oil 등이 오염된 경우에도 발생한다.

하이솔리드 락카(high solid lacquer)

니트로셀룰로오스 락카의 일종. 도료 중에 불휘발분이 많도록 만든 것으로 보통 니트로셀룰로오스에 대한 수지분이 많다. 하이솔리드 클리어 락카, 하이솔리드 락카 에나멜, 하이솔리드 희석제 등이 있다.

하지(substrate)

도료를 칠할 소지면.

합성 수지(synthetic resin)

합성 수지 도료는 주재료를 합성 수지로 만든 도료의 총칭이며, 건조시간이 빠르고 도막이 단단하고, 도막은 인화할 염려가 없어서 방화성이 크다. 내산. 내알칼리성이 있어 콘크리트나 플라스터(plaster)면에 도장할 수 있으며, 투명한 합성수지를 사용하면 더욱 선명한 색을 낼 수 있다.

형광도료(fluorescent paint, fluorescent coating)

도막이 형광 발광성을 가진 도료, 형광 안료를 사용해서 만든다.

확산 반사율(reflectance, diffuse reflectance)

면의 입사광에 대한 확산광의 비율. 면의 색의 밝기를 나타낸다. 보통은 면의 법선에 대하여 입사각 45도, 수평각 0도에서 측정한다. 이것을 45도, 0도 확산 반사율이라고 한다.

황변(도막의 : yellowing, after yellowing)

도막의 색이 변하여 노란 빛을 띠는 것. 일광의 직사, 고온 또는 어둠, 고습의 환경 등에 있을 때 나타나기 쉽다.

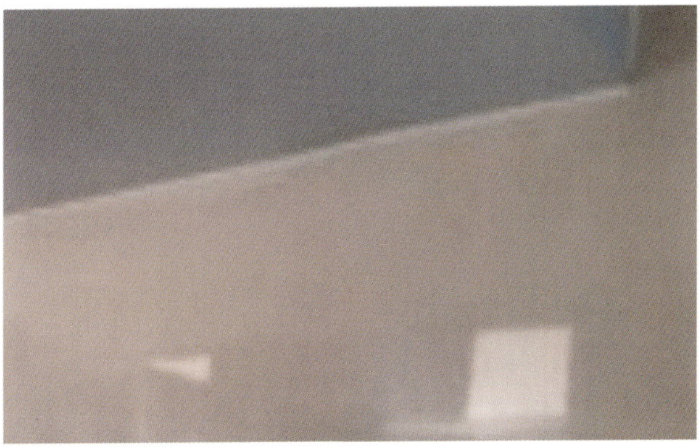

흘림도장(flow coating)

물체에 도료를 흘려 부어 칠하는 방법. 여분의 도료는 방울로 떨어져서 제거된다.

흡유량(oil absorption)

규정된 조건 아래에서 안료 100g를 반죽하는데 소요되는 기름의 양.

참고문헌

- 자동차 차체도장 실기/장귀현, 유창배 저/한국산업인력공단
- PPG korea/연구팀 저/천안연수원
- The 도장/스에모리키요시 외/도서출판 골든벨
- kcc(자동차페인트 기술자료) https://www.kccworld.co.kr
- 조광페인트(자동차페인트 기술자료) https://ckpc.co.kr